50個教育法

我把三個兒子送入了史丹福

為人父母，都希望兒女成才。我希望我的經驗能幫助年輕家長教育子女，讓他們充滿信心地追求夢想。

序言

プロローグ

二〇一五年，我的三兒子被史丹福大學錄取，正式入學了。

「史丹福？是那所超越了哈佛，美國競爭度最高、錄取率最低的大學嗎？」「把家裡的三兄弟全都送進了史丹福，真厲害！」「怎麼做到的？秘訣是什麼呢？」諸如此類的疑問向我集中而來。

這不是可以簡單解釋清楚的。水滴石穿，並非一二日之事。

美國的大學不會以筆試作為統一入學測驗。絕不會像日本一樣，出現依靠筆試成績打出「逆轉本壘打」的狀況。在美國大學中，最重視的是申請書和論文內容，並非入學考試本身。而且，除了會看在大部分英語圈國家應用的大學升學適應性測驗（即 SAT 或 ACT）成績，還會考查該學生初中到高中四年間的成績。外語能力，溝通交流能力，領導力，社會貢獻度，未來潛力，畢業時負責教師的評價，以及獲獎情況等等方面，也將一併作為選拔參考。

成績要優秀，那是當然的。除此以外，至今完成了什麼樣的事情，今後是否有達成什麼目標的可能性，這兩點很關鍵。也就是說，大學通過統覽一個孩子的整個人生，決定其是否可以入學。

因此，想要把自家孩子送進一流大學的家長們，在平時就要注意充實孩子的生活，最大限度拓展可能性，必須把孩子培養成一名不僅學習優秀，又有能力和個性魅力的人。否則，不管怎樣都無法考入頂級大學。說真的，其難度之大超乎想像。

我在日本的母校是上智大學。在上智大學的心理學院社會兒童心理學系待了兩年後，轉至加拿大多倫多大學繼續修學分，直到畢業。這兩所大學都是很棒的學校。但僅從世界排名來比較的話，和史丹福大學這樣的世界名門之間，差距可就非常大了。

對於曾經的我來說，史丹福也只是一個遙不可及的嚮往。而在一九八九年，某次因緣際會使一切發生了改變。事情的開端，得從我生完第一胎，帶著大兒子返回職場所引發的「Agnes 帶子爭論」說起。

「Agnes 爭論」（編者註），作為一場圍繞女性的爭論，從一九八七年起整整持續了兩年，成為了當時的社會性話題。這件事被刊載在美國《時代》週刊雜誌上，引起了史丹福大學教育經濟學者邁拉．斯特羅伯（Myra H. Strober）博士的注意。

「請務必和我見個面。」他通過我們共同的朋友，向我發出了邀請。

當時，已經身為日本大學講師的我，正好收到來自加利福尼亞州州立大學的委託，希望我過去做特別講座。配合講座日程往美國後，我順道拜訪了史丹福大學，與斯特羅伯博士會面。

對於那時所見的史丹福，我一見鍾情。

寬敞的校園裡到處是西班牙風格的建築和椰子樹。蔚藍天空下，學生們作涼拖配短褲的打扮。在氣氛如此自由，充滿歡顏的地方，我感受到了未來的氣息。斯特羅伯博士建議我進入研究生院，從經濟學角度分析「Agnes爭論」，以此為課題做研究。

但我當時已經有孩子了，是否真的要留學，非常迷茫。丈夫眼見我苦惱的樣子，在背後給予了支持鼓勵。而我自己，也湧現出了「想要學習掌握更多知識！」的意願。為了入學考試，我寫了論文，還通過了進入研究生院必需的考試（GRE）。一九八九年，正式進入史丹福大學進修教育學博士課程。

我就是這樣開始一邊帶孩子一邊留學的。與之前預想的一樣，大學向我展現了宏偉夢想的藍圖。苦苦掙扎於難度頗高的課程中的我，受到了來自朋友和教授們的熱心幫助。之後過了五年。一九九四年，我完成了畢業論文，在史丹福大學被授予教育學博士稱號（Ph.D），順利畢業。

這期間二兒子出生，我成了兩個孩子的母親。看著在學校裡玩耍的兒子們，漸漸產生了這樣的想法：「要是有一天孩子們也能在這所大學裡學習，那該多好啊。」

當然啦，那時候還只是如夢幻般遙不可及。

史丹福大學裡有一塊區域，事實上就是如今美國ＩＴ技術革新的聖地——矽谷的發祥地。

如今的矽谷，林立著谷歌、雅虎、臉書和蘋果等主導信息社會的公司。街道上全是年輕創業家，將要創造下一個時代的一流精英們聚集於此。史丹福大學，以此地為中心，不斷培養出了許許多多優秀的人才。我一直堅信，能夠在這樣的環境中學習，我的兒子一定能成為走遍世界都有用武之地的人。

在日本，當然也有很多優秀的大學。但是，如史丹福大學一樣的美國一流大學，無論人才還是財力都更有優勢。兒子們如果能在那樣良好的環境中，與最高水準的人們並肩學習，由此得到的收穫不可估量。若是只在日本學習，也許根本無法著眼於世界。想要讓孩子們多瞭解這個世界真正的廣闊和精彩，這種想法特別強烈。

我們家夫婦倆都要工作，時間不夠用的前提下還要照顧孩子，總之非常辛苦。光是保護好孩子，健康平安地養育起來，就已經很困難了。

真的可以把他們送進美國一流大學嗎？孩子尚且年幼時，我沒有任何把握。但在我頭腦深處，一直都有想把孩子們培養成世界性人才的觀念，也抱有一種「不想落後於時代」的危機感。為此，作為父母不想有任何後悔，決定每天都要做好所有力所能及的事情。

從那以後，大部分時間我都盡量與孩子們一同度過。其間，運用了我在多倫多大學掌握的兒童心理學技巧，以及在史丹福大學教育學系做研究的教育理論。

然後再補充上我自己的理解和來自我父母的教誨，創造出了「Agnes 式教育法」。這既是每天的挑戰，也是一種樂趣。

丈夫也和我一起，把大部分時間抽出來留給孩子。如此不惜一切一路走來，終於實現了三個兒子全部考入史丹福大學的願望。

當收到三兒子合格的消息時，我簡直欣喜若狂。哭了！笑了！高呼慶祝！還和周圍的人擁抱在一起。真的感覺如同發生了奇跡一般。不斷地無數次在心裡默念「感謝！感恩！」「努力有了價值！所有的一切都得到了回報！」

那份喜悅，不僅僅是因為合格錄取這件事本身。無論出身於多有名的大學，都無法保證今後的人生。這個世界，決不能小看。

美國最難考的史丹福大學認可了我的兒子們。能夠通過其嚴格的入學選拔標準，也就說明我的兒子們付出了努力並有所成長。我只是為這一點而開心。是一種作為家長的自豪感。

「三個人都進了史丹福？不可思議啊！」「有進行過什麼特別的教育嗎？」當被問到這樣的問題，我只是回應：「不不，很普通啦。」

因為我從來沒和別人比較過，所以不知道自己教育孩子的方法是不是很特別。而且育兒這件事，根據孩子和家庭情況不同，最適宜的方法當然也不一樣。因此我不清楚我的教育法是否適合所有人。甚至可以說，我的方法很特殊，並不普遍適用。

但即便如此，仍然有許多人向我表示想要瞭解一下「Agnes 式教育法」。既然這樣，就算是為了孫子也好，不如就把自己的育兒方法中大大小小的「招數」，以及親自實踐過的教育法都寫下來好了。

這本書裡所寫的我個人的育兒、教育法，並不是為了使孩子考取世界一流大學的所需技能。倒不如應該說是以培養世界通用、活躍於全球舞台的年輕人為目標而撰寫的參考書吧。我認為，未來的教育，如果不與國際標準接軌，那麼孩子們別說在世界舞台了，就連在日本也無法大顯身手。

作為「育兒啟示錄」的這本書，如果能對想要進行世界級育兒教育的您有所參考，我將甚感榮幸。您的孩子也一定會更有自信，懷揣遠大夢想，積極迎接挑戰，成長為對世界有所貢獻的年輕人。

希望擔負著世界未來重任的孩子們，哪怕一人也好，有更多的孩子可以健康地長大！若此書能助您一臂之力，於我亦是無上之幸。

編者註　「Agnes 爭論」：一九八七年剛生完長子的作者本人，帶著嬰兒去到電視台錄製現場一事被媒體報道。圍繞此事是非與否，在各種媒介上引發了爭論。

世界大學排名

2015 - 2016 年	大學名稱	所屬國家
第 1 名	加利福尼亞理工學院（CALTECH）	美國
第 2 名	牛津大學	英國
第 3 名	**史丹福大學**	**美國**
第 4 名	劍橋大學	英國
第 5 名	麻省理工學院（MIT）	美國
第 6 名	哈佛大學	美國
第 7 名	普林斯頓大學	美國
第 8 名	倫敦帝國學院	英國
第 9 名	蘇黎世聯邦理工學院（ETH Zürich）	瑞士
第 10 名	芝加哥大學	美國
第 11 名	約翰・霍普金斯大學	美國
第 12 名	耶魯大學	美國
第 13 名	加利福尼亞大學柏克萊分校（UCB）	美國
第 14 名	倫敦大學學院（UCL）	英國
第 15 名	哥倫比亞大學	美國
第 16 名	加利福尼亞大學洛杉磯分校（UCLA）	美國
第 17 名	賓夕法尼亞大學	美國
第 18 名	康奈爾大學	美國
第 19 名	多倫多大學	加拿大
第 20 名	杜克大學	美國
第 43 名	東京大學	日本
第 88 名	京都大學	日本

數據參考來源：泰晤士高等教育世界大學排名（2015 - 2016）

1

1. 我在六兄弟姊妹中排第四，小時候是一名害羞的小女孩。

1 2

1.1985 年，和金子力結婚。

2. 與外國人結婚，對我對丈夫都是一個大挑戰，但我相信緣份是天定的。

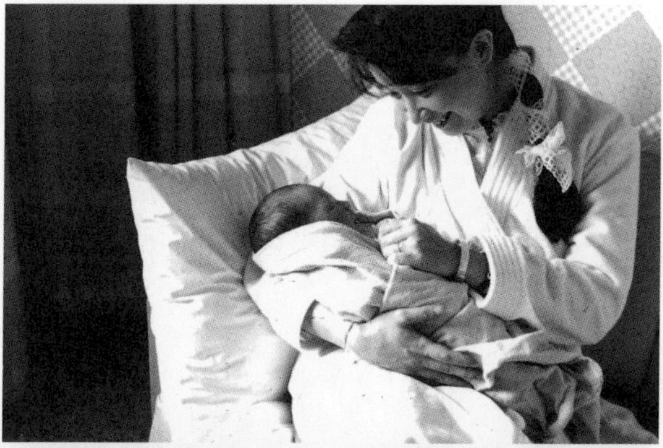

1. 大兒子和平誕生了，我當上了媽媽，對孩子的愛充滿我心。

2. 和平、昇平和協平三兄弟，和婆婆一起在香港的家。

3. 在美國留學時的照片，取得教育博士學位，在我教兒子上有很大的幫助。

1 2

1. 媽媽拿到博士學位，孩子們也開心；想不到他們也考上了這所超級學府，真的很感謝，也為他們驕傲。

2. 在史丹福留學時，我和兒子們在草地上享受加州陽光。

1	2

1. 史丹福大學的畢業典禮。一邊帶孩子，一邊讀書和研究，好不容易得到的博士學位，真的很高興。

2. 在史丹福度過的日子，令我發覺到這學府的很多優點，開始希望孩子們也能得到同樣教育。

1 2

1. 三個孩子，各有不同，各有各好！

2. 和孩子們在一起的時間，是我最珍惜的時間。

1	2

1. 三兄弟感情非常好，大的愛護小的，小的尊敬大的；他們互相支持、信任，令我非常安心。

2. 協平和他的馬。看著他成長，當媽媽的真的很開心。

| 1 | 2 |

1. 昇平畢業於史丹福時的照片。參加他的大日子，我無量的為他驕傲。

2. 和平和我一起到印度，幫聯合國兒童基金會做義工。孩子大了，反過來保護媽媽，真感謝。

1

1. 人生裡做了不少事業，也創出了自己的名聲，但我最大的成績是教育、養大了三個孩子！

目錄

第二章 教育的11個目標 希望孩子具備這些素質

* 在日本，熱衷於讓孩子上各種補習班、督促其學業，對孩子寄予厚望的母親，通常被叫做「教育媽媽」。這個叫法或含有貶義，一說認為其教育方針過度，是無視孩子意願的一種家庭教育行為。

第三章 想要賦予孩子的15種力量 同樣有助於學習

第四章 培養好學孩子的9個方法

第五章　應對青春期孩子的 6 個提示

第六章　往史丹福大學的道路

第一章

身為家長的8個覺悟

親としての８つの覚悟

「教育媽媽」宣言 ｜ 夫妻之間確定好教育方針 ｜ 家長承擔教育的全部責任 ｜ 傾注無限的愛 ｜ 記住，永遠以孩子優先 ｜ 不叱責，嘗試適當表揚 ｜ 絕對禁止體罰 ｜ 不要期望如朋友般的親子關係 ｜

1

「教育媽媽」宣言

教育ママ宣言

Be an education-minded mom

教育，是父母能給孩子的最好的禮物。

我一直自認是個「教育媽媽」。

為什麼我會變成「教育媽媽」呢？我想這和我的成長背景有很大關係。

我父親生於香港。鴉片戰爭以後，香港淪為英國殖民地。第二次世界大戰時被日本佔領，戰後又再次為英國統治，直到一九九七年回歸中國。我母親則生於中國內地。國共內戰開始，內地實行共產主義。中華人民共和國成立後又經歷了文化大革命，直到施行改革開放政策為止，一直都紛爭不斷。

我的父母就在這樣嚴峻的社會形勢下，被迫過著不安穩的生活。到昨天為止還有價值的存款，由於政府更替，成了毫無用處的一堆破紙。這種事情遭遇了好幾次。白手起家的生意也好，擁有的土地、名譽也好，政權一變，價值觀立刻轉向，所有東西一夜之間都沒了。

生活在那種狀態下的父親，有幾句話經常掛在嘴邊：「錢財、名譽如流水。一旦出事立刻會被奪走。但是，知識一旦記入腦子，就不會被人奪去，它會成為你一生的寶物。所以在你能學習的時候要珍惜機會，好好學習。」

無論生活有多艱苦，父母都拚命工作，把家裡六個孩子都送進了學校讀書。對於教育，我父親始終抱著一個堅定不移的信念：「孩子們身上擁有著美好的未來。但有一個前提——好好接受教育。」

之前我一度辭去偶像工作到加拿大留學，也是因為父親的這句話說服了我。當時實在太忙，連大學都上不了，朋友都交不上。眼見我如此糟糕的生活狀態，父親提出建議，希望我去留學。

我在多倫多大學學習了兩年時間。正是這段時光使我的人生發生了巨變。不光是學習，關於唱歌的意義、自我身份認同等方面，都有了非常深入的思考。之後，我在史丹福大學獲得博士稱號。從此，人生又邁入了更廣闊的天地。

「能學習的時候要珍惜機會，好好學習！」

父親的這句叮囑有多重要，至今我在感謝的同時，也時常琢磨吟味。父母能給孩子最大的禮物，就是教育。我曾在心裡發過誓，有自己的孩子後，一定要賭上一生，給孩子最好的教育。

我對自己「教育媽媽」的身份很有自信。也許有人會説，「老是這樣喊『學習、學習』，孩子怪可憐的。」但是在我看來，「教育」並不等同於「學習」。「教育」這個詞，具有非常豐富的意義。因此，我對自己是「教育媽媽」這件事一點都不覺得羞恥。

話説回來，教育要從何時開始呢？

我認為得從懷孕期開始。雖然沒做過什麼特別的胎教，但我懷孕時就想著要好好照顧身體，生個健康的寶寶，這算是育兒的起點吧。接著在懷孕九個月的時候，考慮如何配合家裡的生活模式制訂育兒計劃，與丈夫商量關於教育計劃和目標的問題。

嬰幼兒期，是教育中最重要的時期。俗話説「三歲看大，從小看老」，據説孩子大腦發育百分之八十的過程，到三歲為止就已完成。到這一階段形成的性格和個性，很大程度上將影響孩子今後的人生。許多心理學家和教育學家普遍認為，對嬰幼兒期的教育進行投資，得到的收穫最大。

學齡前的孩子要貼身照看，盡可能多待在一起，給他滿滿的母愛。這樣的想法我在懷孕時就有了。之後會帶著孩子回到職場工作，背後也是出於這一考慮。

如果嬰幼兒期的教育順利的話，等孩子上學後，撫育起來就輕鬆多了。孩子的教育，不僅僅是學習能力的培養，而是身心兩方面綜合人格形成的過程。

我在育兒方面一個比較大的目標，就是希望孩子們處於最好的環境中，身邊圍繞著優秀的老師和朋友，接受著許多刺激，從而能夠自發地學習。為此，自認把能做的都做到位了。結果我們家三個兒子全都實現夢想，考上了史丹福大學。

2

夫妻之間確定好教育方針

夫婦間で教育の方針を決める
Arrive at a consensus with your spouse as how to educate your children

想給孩子怎樣的教育，
夫妻之間達成一致。

關於孩子的教育方針，夫妻間必須達成一致。懷孕以後，夫妻倆馬上進行商討比較好。

在我們家，丈夫對我表態，「即使我們之間有各種意見，關於教育方面，最後還是由你決定吧。」雖然他經常說「是因為我不及你那麼關心教育啦」，但現在回過頭想想，他總能在關鍵時刻提出非常棒的意見。從結果上來看，似乎大部分也是採納了丈夫提出的。

修完史丹福大學的博士課程，我回到日本一邊寫博士論文，一邊慢慢恢復工作。那年是一九九二年，正要決定我家大兒子讀哪所小學。我一直有在關注東京都內某家著名的私立小學。這所學校可以自動升學晉級至大學，只要能入學，作為家長也就安枕無憂了。當時從「前輩」媽媽那裡，獲取了不少關於考試的建議等。

但是某日，丈夫參加完這所小學的說明會回來，突然對我說：「孩子他媽，我們還是放棄考試吧。」原來在說明會上，老師說了一段話：「由於應徵者人數眾多，請確保面試那天孩子絕對不能感冒。那是影響一輩子的日子，作為家長的責任，請把健康的孩子帶過來哦。」

丈夫很是憤慨，「孩子感冒不是常事嘛。說這種話，證明他們不會為孩子考慮。那種地方不去也罷。」聽他説完我才頓悟，想把孩子送進名校，也許只是父母的虛榮心作祟罷了。我為追隨「世界名牌」而隨波逐流的自己感到羞愧難當。

另外還有一家中意的國際學校，我覺得把孩子送進這裡上學也挺好。可是呢，那所國際學校在當時沒有得到文科省認證。也就是説，孩子即便在那兒畢業，也無法保證是否能進入日本國內的大學。即便如此，我們夫婦倆還是一起去了説明會。

「面試當天，如果孩子感冒的話，請立刻通知我們，學校會另行安排面試日期。校方想看到孩子最佳的狀態，所以請一定不要勉強自己的孩子。」這次，從老師那裡聽到了這樣的話。那一瞬間，我和丈夫互看一眼，同時點了點頭，決定「就選這裡了」。我們都覺得，能從孩子的角度考慮事情的學校比較好。這所學校就是「西町國際學校」。

孩子進入西町國際學校之後，我囑咐丈夫，希望他盡量參加所有的學校活動。而且，我有什麼困難、迷惑，一定會和丈夫商量著解決。

在育兒、孩子教育上需要花費大量精力，夫妻間的通力合作必不可少。大兒子提出想去美國念高中的時候也好，決定選擇史丹福大學的時候也好，丈夫都給予了我和孩子們恰當的忠告。讓孩子進什麼樣的學校讀書，這是件可以左右孩子一輩子的大事情。為此，必須預見未來，做出明智的選擇。

有的朋友會說「我家那位才不會這麼幫忙呢」。但我想說的是，世界上沒有不疼愛自己孩子的父親。即便兩人意見不合，花些時間，慢慢地多交流溝通，這很重要。教育方針和升學相關的問題，夫妻之間要經常商討、達成共識，這是最最基本的。

好比諺語「孟母三遷」，為了改善孩子的教育環境，有時候必須得有不得不搬家的覺悟。需要做重要決斷的時候，夫妻倆最終都要商量好，這是最為重要的。

3

家長承擔教育的全部責任

教育の全責任は親が持つ

The responsibility of educating the child rests with the parents

人格形成這麼重要的工作，不能扔給學校就不管了。

我始終確信「教育的全部責任在於家長」。學校和老師只是重要的夥伴，孩子的教育，基本上所有的責任都應該由家長承擔。

小學、初中教的是讀寫、算術，高中、大學教的是在社會上必需的專業知識。但是，老師的生活方式和對事物的看法，並不一定全部正確。其中，也有一些不希望孩子學習的部分。

這是我去參加二兒子的小學參觀日發生的事。某位老師以「人類都是卑鄙的」為題，讓學生們講一講平時在家，覺得家裡人或自己卑鄙的一些事例。

當下我非常吃驚，但還是決定靜觀其變。輪到我家二兒子，他說道：「我覺得人類並不卑鄙。如果身邊有這樣的人，我會和他好好交談，幫助他改正。」而老師聽完之後竟說：「你好像沒有完全理解這個主題的意思。不管怎樣你也努力做發表了，大家拍手鼓勵吧。」聽他的意思，似乎認定我兒子說的觀點是錯的。其他學生們演講的內容，也淨是在拚命挑別人的錯一樣。

事後，我去找了那位老師，將自己的想法告訴他。「我並不認為人類都是卑鄙的……」他解釋道：「不不，我認為明白自己卑鄙的小孩，更能原諒他人。所以說，讓孩子記住自己也是卑鄙之人比較好。」反正那位老師就是堅持自己的觀點是正確的，絲毫不肯讓步。我回家後，重新和二兒子談了一談：「沒這回事哦。你也好媽媽也好，都不卑鄙。」「我就說是吧。」二兒子這才露出放心的表情。

有些老師的觀點確實會像這樣有失偏頗。在國際學校裡，有歧視亞洲人的老師，也有只認規章制度，以自己的權威使學生服從的老師。而避免孩子受這些觀點影響，就是家長的責任了。

曾經有一年，有位無論如何也和我家孩子合不來的老師做了班主任。那時候，我安慰孩子：「盡可能多看到老師好的地方，把注意力放在學習上。如果實在對這位老師喜歡不起來，也就這一年嘛。」並且，為了不讓孩子成績因為老師的好惡有所下滑，我也更加謹慎地參與孩子的學校生活。

在人格形成的重要時期，孩子們大部分時間都是在學校裡度過。在這樣一個狹小的世界裡，被拿來和其他孩子比較，通過學業成績和體育表現來評測價值。真是殘酷的環境啊。有的孩子能夠順利融入學校生活，樂在其中；有的孩子卻在學校被徹底「擊垮」。家長要非常清楚其中存在這樣的風險。無論孩子被放在什麼樣的環境中，都有責任讓他們相信自我並拓展自己的潛力。

對孩子教育承擔責任的，絕對不是學校和老師。「孩子教育的全部責任，由家長承擔。」首先，必須得有這個覺悟。

4

傾注無限的愛

限りない愛情を注ぐ

Shower your children with love, it will help them bloom

被愛，才會信任他人。

人類在成長過程中感受到愛，才會信任他人。相信別人，也就會相信自己。為此，特別是在嬰幼兒期，我給兒子們幾乎傾注了所有的愛。

處於嬰幼兒期的小孩，總是由固定的人來照顧、疼愛的話，會讓他們信任別人。肚子餓了就會有吃的，哭了就會有人安慰，累了就會有人來抱。如此循環，孩子就能夠安心成長。而這個人選，媽媽、爸爸都行。就算是托兒所老師或者奶奶也可以。

而相反地，據說孩子如果在這段時期沒有被重視，沒有接收到足夠的愛意，溝通交流能力就會變差，容易不信任他人。

關於如何表達愛意，我一直以來最重視肌膚之親。我家三個兒子，都是母乳餵養到一歲零八個月為止。還是小嬰兒的時候，經常抱抱、背背，使他們感受母親的體溫和氣味，讓他們安心。直到孩子自己提出來想獨自睡覺，我都保持著和他們同睡一張床的習慣。

同時，我也有意識地表達出更純粹、直接的母愛。

孩子小的時候，我會做這樣的動作。緊緊抱著，說一句「下親親雨（kiss rain）咯」，從額頭一路親到腳底。孩子就算不怎麼喜歡，也會咯咻咯咻開心地笑起來。

每天工作完回到家，我一定會把孩子們叫到一起，緊緊擁抱他們，「serotonin[1]，serotonin, serotonin」地唱著我自己改換了歌詞的歌曲，對他們說「快給媽媽幸福吧」。沒錯，serotonin 就是幸福的荷爾蒙。和最喜歡的人待在一起，頭腦中會分泌出這一物質，是一種可以讓人開心的激素。

我覺得，我的兒子們從小就開始明白自己是「媽媽幸福的源泉」。

「只要寶貝在我身邊，媽媽就是最幸福的哦。」我從不害羞把這句話說出口。當然了，像「好喜歡好喜歡」、「I love you」這樣的話每天也都掛在嘴邊。通電話的時候，最後我一定會和兒子們說「I love you」，而他們肯定會回一句「I love you too」。

由於我們家夫妻倆都要工作，因此得通力配合，努力不讓兒子們覺得寂寞。

像我的情況，工作時間又長又不規律，能和兒子們在一起的時間很有限。所以能節約的時候，我就盡可能多騰出哪怕一點點空閒。工作之外的時間，全都和兒子們一同度過。

買東西的話，花時間出門去超市購物太浪費，我就利用可以把物品送到家裡的消費合作社服務。買衣服的話，等孩子們入睡後通過網購購買。就算是去美容院，也只是剪個頭髮的程度，連吹頭都不弄了。

有了孩子之後，基本上就沒再和朋友悠閒地喝過下午茶，或和丈夫出去過過二人世界。說得極端一些，連好好上個廁所、泡個澡、聽聽自己喜歡的音樂這樣的空閒都沒有。我如飢似渴地渴望和兒子們待在一起。

能與孩子們一同度過的時間，只是人生一瞬而已。等他們開始去上幼兒園、上學，一天之中只有幾小時能待在一起。等變成初中生、高中生，在一起的時間還要少。正因為此，我才認為在身體和大腦急速成長的嬰幼兒期，盡可能多分一些時間給孩子是非常重要的。

當然，想要傾注充分的愛，並不光是長時間待在一起就ＯＫ了。如果只有一點點時間，那就提高時間的「濃度」吧。

比如說，因為工作原因，和孩子接觸的時間只有一小時甚至短短半小時，也別擔心！這段時間裡好好開心地和孩子做些肌膚之親，玩一玩，聊一聊。如果能讓孩子從心底感受到「和媽媽在一起最開心！」那麼時間或長或短根本不是問題。

孩子們都很敏感，如果你全心全意地和他們交往，作為父母的這份愛意一定能充分傳遞到孩子那裡。

現在，我的大兒子會說「我小的時候，完全不覺得寂寞哦」；二兒子會說「我知道媽媽爸爸為我們努力付出了許多」；三兒子也跟我說「我從來沒有懷疑過自己是否被愛著」。

雖然那時候忘我地工作、育兒，身體真的有些吃不消；但另一方面，與孩子們接觸交流，對我來說也是消解壓力的最佳方式。而且，父母的努力，這份無私的愛，我始終確信一定能讓孩子們感受到。

有人說，被愛意環繞成長起來的人，在主動愛人時也不會有絲毫猶豫。我覺得這不僅限於愛「人」。對被愛著長大的人來說，藍藍天空、清新空氣、太陽、彩虹、星星，還有自己生活的街道也好社會也好，都能在其中感受愛。在自己周圍能體會到愛的人，就是幸福多多的人。

人生中多些感動，寂寞的時間也就少了。

人類的強大不單單是力量上。心中存有多少愛意，這個人就能變多堅強。之後就可以百折不撓地克服困難，踏踏實實地走好自己的人生路。

正因為如此我才覺得，不害羞地直接表達愛意很重要，愛的表現方式越誇張越好。

讓孩子「在愛中成長」，這在任何時代都是真理。

註1：（譯註）即血清素。提高血清素含量能帶來愉悅感和幸福感，帶給人更多快樂。

5

記住，永遠以孩子優先

自分より子ども優先

Remember, always "Child First"

站在孩子的角度思考、
行動，你會更輕鬆。

一有孩子，肯定不能像以前那樣行事了。有些父母因為生活無法隨心所欲，囤積了不少壓力，身體也垮了，導致產生育兒憂鬱。

育兒這件事，如同每天在經歷冒險一樣。原本總在睡覺的寶寶，有一天會爬了，開始走路了，會跑了，開始理解你講的話並且自己開口了。隨後，變得能表達自己的意思之後，每天會提出不同的要求。要應對這些要求，需要大量精力。這麼一來，大人們當然不能像從前沒孩子那樣生活。

舉個例子吧，孩子出生後，父母第一次遇到寶寶夜裡哭泣的狀況。我大兒子小時候就有夜哭症。那時的我固執地認為晚上一定要睡覺，再加上白天工作的疲累，一味地納悶「為什麼這孩子不肯好好睡覺呢？」心情糟糕到想哭。

但是冷靜思考一下，在肚子裡待了十個月之久的小寶寶，怎麼可能分得清白天黑夜呢。雖然天色暗了下來，也不是說馬上就能睡著的。我這才察覺，「晚上想睡覺的那個人其實是我。也許這孩子根本不困呢。」「那樣的話，就配合孩子的作息吧。」於是決定夜裡抱著孩子外出。吹一吹外面的空氣，唱唱兒歌，大概三十分鐘左右就酣然入睡了呢。總算鬆了口氣，回到家把寶寶輕輕放到床上，誰知道竟然又開始哭了。原來，他不想要大人陪著睡，只是想被抱著而已。

所以，我決定再換下思路，「想要睡在寶寶身邊的人是我。寶寶一定是想像待在子宮裡那樣，被媽媽的體溫包覆著睡覺。那我抱著他睡不就行了嘛。」但是這樣我自己還能睡覺嗎？

於是，我又進一步思考下去。

「乘飛機去國外的時候，大家都是坐著睡覺的。我現在正和寶寶去往夏威夷。這裡就是飛機機艙……」

這麼想著，我坐在了沙發上。抱著孩子，閉上眼睛，腦海裡試著想像夏威夷的美麗大海。海潮的味道，波浪拍打的聲音……想著想著，我和寶寶一覺睡到了大天亮。

自從開始學會這樣轉換思維之後，我再也不怕孩子在夜晚哭鬧了。不久之後，孩子就懂得了分辨晝夜。而這樣的努力，也就只花了短短幾周時間而已。

外出的時候，也會發生孩子眼看就要鬧騰的狀況。要是在電車裡的話，一發現孩子馬上要鬧彆扭的樣子，我總是會抱起來在不同車廂間來回走動，或者坐到有窗的最前排車廂裡，然後讓孩子看看窗外的景色。

乘坐交通工具的時候，大人普遍會想稍微休息一下。但是小孩子長時間待在同一個地方，很快就會不耐煩。因此，我和孩子在一起的時候，通常不會總坐在椅子上，而是抱著孩子一同欣賞美景。孩子高興了，媽媽自然也很開心。比起在椅子上磨人，這樣真是輕鬆得多。

我時常在大街上看到這樣的情景：孩子一邊哭著，一邊鬧彆扭喊著要大人抱抱。如果是我的話，一般立馬直接抱起來了。完全不在意這樣會養成孩子總想抱抱的習慣。

確實，有時候會覺得抱著真重啊。但是想想有些人專門花錢去健身房做舉重訓練呢，倒不如把這當成運動咯。一石二鳥嘛。孩子開心，我自己也能減肥，一舉兩得。

可之後等到我又一個孩子出生，帶倆孩子出門，說真的，做不到同時抱起兩個啊。

我平常會帶兩個兒子去公園。大兒子在回家路上玩累了，總會纏著我說：「抱抱我嘛，我要抱抱。」因為我手上已經抱著二兒子了，同時抱著兩個走路根本不可能。這時候，我就會和大兒子商量商量。

「寶寶累了吧，媽媽也是呢。怎麼辦呀？我們在這兒稍微休息下好嗎？」雖然已經快到晚飯時間，不管了，暫且休息一下。

從自動販賣機買一罐飲料，坐在長椅上大家一起喝；在丸子店買一串丸子，邊吃邊休息。稍息片刻後，問孩子「能走了嗎？跟媽媽一起走吧？」他點點頭。然後我會回一句：「謝謝啦。媽媽也好像有力氣走了哦。」接著就和孩子一起繼續走回家。

孩子在路邊抽泣，與其為了不讓他哭而大聲訓斥，或孩子到處跑來跑去結果衝出馬路，休息一下所花的時間，實在不足掛齒呢。

再舉個例子，早上起床後，本想讓孩子按時吃完早飯，自己打掃一下，做好準備後一起去公園的。可孩子不聽話，早飯都不吃就說想去公園。「寶寶吃完飯再去吧。」不管勸多少次，孩子就知道哭。這樣大人也開始漸漸變得煩躁，苦惱「為什麼不聽我的話呢？」慢慢就會堆積壓力。

碰到這種情況，我還是建議大家要轉換思維。

「那我們在公園裡吃早飯吧！」我會做好三明治和飯團再出門。但同時會告訴孩子「就今天這樣哦，特別優待哦。」

在公園裡吃早飯，應該會感覺格外美味吧。一日之初從野餐開始，度過一個愉快的時光。通過給孩子做這樣的事情，他們會強烈感受到父母的愛，變得更信賴父母。

嬰幼兒期，孩子的身體和大腦急速發育。在這短暫期間裡，大人要盡可能配合孩子調整生活節奏。如果下決心做到這一點，你會感到非常輕鬆。別奢望繼續過著像以前那樣隨心所欲的生活了。如果能有這樣的心理建設，壓力自然就會減少，親子間的溝通交流也會變得非常深入。而且，孩子的情緒也穩定了，育兒會變得更加有趣。

6

不吒責，嘗試適當表揚

叱らずに適切に褒めて育てる

Instead of scolding, try appreciating

抓住孩子做錯事不放，

只會助長他們的惡習。

有句話說得好：「讓孩子在表揚聲中長大」。

但是，這並不是說任何事情都要表揚。重要的是，表揚方法要適當。

另一方面，通過叱責企圖改正孩子壞毛病的做法，倒不如說會出現反效果。「明明罵他多少回了，還是會做同樣的事。到底為什麼就是不能改正呀。」相信如此煩惱的家長有很多。

實際上，表揚也好叱責也好，都是有訣竅的。

孩子總希望有誰能搭理自己。無論是被表揚還是被批評，都會使孩子認為得到了關注。如果孩子做了好事的時候，周圍的人給予表揚，那麼他就會不斷做好事；然而，如果只在做壞事的時候被大人搭理、被罵的話，在孩子來說也是一種關注，那他就會重複做這件壞事。

我小時候很討厭洗澡，身上總是髒兮兮的。我母親一看到我髒得不行，一定會責罵我，讓我趕緊去洗澡。明明是被大人罵了，但覺得能和媽媽一起泡澡很開心，所以老是會把自己弄得很髒。

「咦？今天已經洗過臉了？多可愛的小臉呀。」要是媽媽經常抱抱我、表揚表揚我，我覺得我肯定每天都會很積極地洗臉。

但事實是，我媽媽平時很忙，只會在看到我很髒的時候才注意到我。於是自認髒髒的樣子就是我的優點，想要媽媽多理理我，平時就讓自己髒兮兮的好了。

像這樣的例子我再說一個。對於不怎麼會整理的孩子，如果只在他每次弄得亂七八糟的時候才批評他「快點給我整理好！」那麼孩子潛意識就會認為，弄得亂亂的就有人理我了。被叱責變成了一種快感，也就不會改掉弄亂東西的毛病了。但是，如果在孩子稍微能開始主動整理的時候，表揚他「真乖呀。謝謝你啦。」那麼被表揚就會成為一種快感，讓孩子想「下次我也自己整理吧」。

也就是說，總是叱責孩子的做法，如果稍不注意，很有可能會助長孩子的壞習慣哦。

相反的，當孩子做了你希望的行為時，如果能給予適當表揚，那麼孩子也會不斷重複這個行為，繼續做一些你希望他做的事情。

我家三兒子四歲左右的時候，還不能自己好好吃飯。總是吃得到處都是，或者一下子把吃的塞得滿嘴都是，

有時還會因為不停說話，都忘了要咀嚼了。我想讓他矯正這個習慣，最初都是以口頭提醒的方式，但他怎麼都改不過來。後來意識到：「啊，對了，要表揚才行！」從此之後，當孩子慢慢能夠利落一點地進食時，我會頻繁地表揚他：「吃得真好呀。太棒了。」

偶爾我會和孩子說：「和媽媽兩個人一起，試試看像英國貴族一樣優雅地吃東西吧？」然後翹起小指，裝裝樣子，孩子就會大笑起來，模仿我的動作。在這過程中，孩子掌握了餐桌禮儀，等到上了小學，已經不用擔心有任何問題了。

只是有一點要注意。表揚的時候，絕對不能說謊。明明寫的字根本不好看，

卻對孩子說「字寫得真漂亮啊」，這樣孩子無法知道自己的正確評價。這種表揚方式，對孩子沒有任何好處。

還不如不斷鼓勵，直到真心覺得任誰看起來都會覺得有進步的地步，再盡全力表揚，這樣來得更有效果。孩子從中能夠產生信任感，會想「這個人在跟我說真話」，然後將這些表揚的話語作為對自己的鼓勵，不斷成長進步下去。

我最常使用的最棒的表揚話是：「你能做你自己，媽媽真的很感謝。」

這是我發自肺腑說的。每個孩子一定擁有一些優秀之處，讓我們給予適當的表揚，拓展這些優點的無限潛能吧。

7

絕對禁止體罰

体罰は絶対にいけない

Teach by words, not fists

以說服代替體罰。在我家把這叫做「說教」。

無論發生什麼事情，絕對不能進行體罰。因為它是最差勁的教育方法。經常遭受體罰的孩子，會有錯誤的觀點，認為力氣大的人才是偉大的。然後在自己碰到不如願的情況下，也會靠武力解決。

體罰的手段，可能在父母比孩子力氣大的時期是有效的吧。但是，等到孩子比你力氣大的時候，立場瞬間逆轉。

因此，絕對不能給孩子植入「力強者控制弱者」的錯誤觀念。

當我的孩子做了什麼不該做的事情，我會一直和他們談話，直到他們接受、認可為止。在我家，把這稱為「説教」。

我家的基本規則，首先就是「不説謊」。

只要説了一次謊，為了掩蓋這個謊言就得不斷地繼續説謊，這樣下去只會導致親子之間、兄弟之間產生嫌隙。因此，我堅持教導孩子「無論做了什麼事，絕對不能説謊」，直到嘴巴都講得發酸。

第一次發現大兒子說謊，是在他上小學低年級的時候。因為之前看他為了漢字測驗一直在複習，所以很在意他有沒有考好。當我問他「考試成績下來了嗎？」兒子回答我「還沒」。後來，偶然我在整理大兒子背包的時候，在書包最底下找到了考卷，紙都已經皺巴巴的了，上面寫著七十分。

當我拿著卷子問「為什麼要對媽媽說『還沒』呢？」的時候，大兒子解釋道，「因為我考得不好……」這句話讓我的心像被突然戳了一下。

原來大兒子一直覺得我希望他考出好成績，而且認為考得不好很難為情……他大概是想只要不讓我知道考得不好，我就會認定他是個好孩子。

但是實際上，無論兒子考了幾分，我對他的愛都不會改變。不會失望，也不會生氣。但這樣的心情並沒有傳達到大兒子那裡。

於是我給大兒子一個擁抱，同時問他：「為什麼你不相信媽媽對你的愛呢？」

大兒子一開始一副不知所措的表情，似乎完全不明白我在說什麼。

接著，我開始了我的「說教」：「媽媽真的很愛你，你知道嗎？」

「無論你是怎樣的小孩，媽媽都最喜歡了，你完全沒有必要隱藏自己。要相信媽媽的愛。為了隱藏一個謊言，就得撒第二個謊。這樣下去，媽媽和你的心會越來越遠……」我和大兒子聊了很長時間。過程中，抱一抱，哭一哭，還中場休息一下吃點東西、上個洗手間什麼的，整整談了八個小時！

最後，我對孩子說：「把至今為止向媽媽撒過的謊，全部寫出來吧。」於是大兒子動起筆，一樁一樁寫了下來，寫的字可愛極了。「有一次忘記交作業了」「便當盒落在學校裡了」等等，都是些很小的事情，兩個人邊笑邊讀。

從此以後，大兒子再也不對我隱瞞任何事了。我覺得他一定是理解了，媽媽的愛不會因為任何事情而改變。也許也是覺得，如果再讓我給他說八個小時，就太不好意思了吧。

同樣的事情也曾經發生在二兒子和小兒子身上，他們都各自體驗過我那「冗長」的說教。雖然過程總是充滿笑與淚，但每次都能感覺母子之間的感情變深厚了，互相都有所成長。

如果能好好地和孩子交流，讓他們從心底接受，那麼這次教導就會一直留在孩子的記憶裡，再不會忘卻。

體罰或者口頭訓斥，也許孩子會暫時向你道歉。但是隨著時間的推移，大多數情況下還是會重複犯同樣的錯誤。這，就是孩子沒有從心底接受你教育的證明。

不管花多少時間，和孩子好好交談，他肯定會明白的。我始終相信這一點，花足時間並且仔細徹底地與孩子交談。我堅信，這才是真正的母愛、真正的教育。

8

不要期望如朋友般的親子關係

友達みたいな親子関係は望まない

Parents are not peers

對父母毫無敬意、感謝的孩子，是不會受任何人信賴的。

無論和孩子有多要好，我都從不指望親子關係真的像朋友一樣。

父母就是父母，孩子就是孩子。希望孩子對父母懷有敬意。因此，我認為父母就要有父母的樣子，展示出認真生活的姿態，送給孩子一個無愧於自己的人生。

當然了，父母並不總是正確的。但希望孩子們知道無論發生什麼事，父母始終都在努力做到最好，保護家人；萬一有什麼突發事件，父母都是值得依靠的，讓孩子覺得「爸爸媽媽一定會保護我，給我中肯的意見」。

我就是帶著這樣的想法，每天都端正自己的姿態過日子。

即便無法成為讓孩子崇拜的家長，也至少能讓孩子信任、依賴。所以每天我都很努力。

也許正因如此，我們家可以算是對於孩子對父母的態度、禮儀比較嚴苛的家庭吧。

以說話方式為例，「討厭！」「吵死了！」如此失禮的話，別說是父母了，只要是比自己年長的人，絕對不可以說。這是我家的規矩。在我們家，傷人的話也是嚴厲禁止的。

有一次，在機場碰到了這樣一件事。在我前面站著一對母女，十幾歲的小女孩突然對自己的媽媽說：「去死吧。吵死了老太婆。」那位母親一言不發，而我卻驚訝得啞口無言。

然後，我想都沒想就對這小女孩說：「對媽媽怎麼能說這樣的話！」雖然母女倆一臉詫異地看著我，但我實在是忍不住。那天晚上，我和兒子們說到這件事，「如果你們對媽媽說出這種話，媽媽立刻咬舌自盡。」「不經大腦思考，會傷人的話絕對不能說。」並且再次教導他們，對父母毫無敬意和感謝的孩子，是不會受任何人信賴的。

最近，越來越多的孩子有一個誤解，認為父母和自己是對等關係。而且也有越來越多的父母，真到關鍵時刻，做不到好好管教孩子。對這種「朋友式的親子關係」，我始終是存有疑問的。特別是當孩子對自己態度惡劣的時候，父母雖然表面裝作無所謂，實際上真的會很心痛。

在美國，孩子可以直接喊父母的名字，容易讓人覺得這樣的親子關係既坦率又平等。但實際上，父母仍然是擁有嚴肅權威的一方。

英語語法中也有一種表現這類上下關係的用法。「我媽媽在做○○。」如果主語是自己的媽媽，那麼一定得說「我媽媽」怎麼怎麼樣。要是說「她」怎麼怎麼樣，不僅語法上被認為是錯誤的，同時也是一種非常失禮、不可思議的說法。對象是父親、祖父母也是同理。

世界上任何國家理所當然都是以父母為尊、為重的。對生養自己的父母不知感恩，態度傲慢的孩子，會被認為是個廢人。

親子關係融洽本身沒什麼問題，但一定不能讓孩子產生誤會。希望家長們要好好教導孩子對長輩有禮貌，常懷感謝之情。

第二章

教育的11個目標

希望孩子具備這些素質

教育が目指す11の目標
こんな人間になってほしい

擁有夢想 | 能自我肯定 | 內心從容 | 能發展自我才能 | 懂得「忘我」 | 有顆感恩的心 | 不被金錢控制 | 有「出頭」的勇氣 | 不懼怕失敗 | 選擇最難走的路 | 懂得報恩 |

9

擁有夢想

夢を見られる子に

The biggest job for a child is to dream dreams

孩子的工作就是做夢。
教育，就是教孩子如何
做夢。

我一直對兒子們說：「小孩唯一的工作就是做夢哦。」「希望你們擁有爸爸媽媽想都不敢想的偉大夢想。」父母能夠想像得出的夢想，僅限於父母有限的思考範圍內。而我希望自己的孩子做一些更遠大、更有未來感的，其他任何人都想像不到的夢。

正是因為孩子們擁有夢想，大人為了支持他們，就會變得非常努力。這樣一來，也會給社會產生更多活力。相反的，如果孩子們不再做夢，社會將會停滯不前，人類發展的進程也就中止了吧。

教育，是一個教會孩子做夢的過程。告訴孩子世界上有許多可能性，給予他為實現夢想所需要的工具和知識，使他抱有朝著夢想大步邁進的勇氣。並且教導他，即便遇到挫折也要有重新站起來的氣勢，即便達成了目標也要有不耀武揚威的謙虛。這，才是教育。

因此，一直以來我都希望自己的孩子們擁有大夢想，並為其腳踏實地地努力。

即使這個夢最後沒有百分之百圓滿實現，有時也會發現其實已經近在咫尺了。然後繼續朝著它努力奔跑。這樣的生活態度，毫無疑問會豐富一個人的人生。

我的香港朋友中間，也有人做過通常看起來絕不可能達成的夢。

說起我的這位朋友，她的目標是成為一名賽馬騎手。而那個時代，女性是不能當專業騎手的。而且，她在某次練習中不幸墮馬受了傷，結果當不上騎手。但她取而代之地從事了培養騎手的工作，將自己的一名學生成功栽培為史上第一位女騎手。可以說我朋友的夢想，最終刷新了賽馬的歷史。

我還有一位女性朋友，她外表中性化，渴望成為男演員。雖然最終沒能實現這個夢，但她通過堅持不懈的努力，成為有名的DJ，擁有眾多支持她的粉絲，並且在香港作為首位中性化藝人，在電視台開設了自己的常規節目，風靡一時。

她們都沒有百分百實現自己最初的夢。但是，在跨越社會意識和常識的壁壘之後，牢固地站穩腳跟，擁有了屬於自己的一席之地。無論夢想多麼遙遠，看起來多麼難以實現，她們都步履不停地追趕著。

也許說出來會被大家笑話，我的夢想，是通過唱歌，為世界和平貢獻一分力量。無論是我十七歲來到遙遠異鄉的日本也好，還是在中國、亞洲各地巡迴演唱也好，都是因為我想通過我的歌，成為連接日本與亞洲其他國家友誼的橋樑。同樣，作為聯合國兒童基金會大使身份到處活動的初衷，亦在於此。當然現實是，我的夢想還在追尋的途中。但我決不輕言放棄。只要不放棄，夢想就能一輩子追求下去。

我希望孩子們擁有一些不受局限、驚為天人的偉大夢想。為人父母者，我是為了他們的這個夢想進行教育，為此而努力的。教育的關鍵，就是讓孩子做夢，並且為了讓他們接近這個夢而督促他們努力。

10

能自我肯定

自己肯定ができる子に

Having self-esteem is the key to happiness

不要拿孩子和別人比較。別人是別人，自己是自己。

教育最首要的目的——自我肯定。

我在進修兒童心理學和教育學的過程中，發現「自我肯定」是兒童教育中不可或缺的一個關鍵詞。那麼，為什麼自我肯定如此重要呢？

因為一顆認同自我的內心，恰恰是人格形成的基礎。連自己都不喜歡，不可能會喜歡別人。否定自己的孩子，也會否定別人。

那麼，怎麼做才能使孩子學會自我肯定呢？首先，最重要的是「不和他人比較」。

我的三個兒子，個性各異，每個人身上都有不同的「優點」。大兒子處事認真，正義感強。二兒子有藝術氣質，情感豐富。三兒子善於交際，溝通能力強。因此，我就集中精力增強他們各自的優點。「快向你哥哥學習」這樣的話，一次都沒有說過。

人無完人。有優點，當然也有缺點。父母拿自己孩子和其他兄弟或別的孩子比較，否定這個孩子的真實本我，他就很難能有自我肯定的意識。

我丈夫時常會像念口頭禪一樣，告訴孩子們：「別人是別人，自己是自己。即便有一百個人和你意見不同，也要堂堂正正地把自認為正確的意見表達出來。」我也總是教導他們，「和別人不同並不是壞事。倒不如說反而是種『恩賜』呢。」從平時就這樣向孩子灌輸，他們自然而然會形成「不需要勉強自己迎合別人，做自己就好」的觀念。

當然了，社會性規則和集體生活的規矩是必須遵守的。只是如果能保持「不讓別人束縛自己的觀點和生活方式」、「自由地想像，把自己想說的直接說出來就可以了」、「周圍的人也會認可我這個想法」這樣的思路，那麼孩子就會更有自信，喜歡真實的自己，也會明白自身是有價值的。

像這樣學會了自我肯定，就可以不斷提高自己的優點；並且連缺點也能一併接受和面對，變得更積極地加以改正。

與此相對，不會自我肯定的孩子，也就不會喜歡上自己，總是處在焦慮的狀態中；容易生氣，搞不好人際關係，在事情的處理上也無法積極向前看。結果，對學力和成績都將產生不好的影響。

雖然在家中不作比較，但難免外面的其他人會，並從而傷害到孩子的自尊心。若這樣的事發生時，做父母的要幫孩子重新建立自信心。

我的大兒子開始上小學時，有一天回來跟我說：「媽媽，我是不是不好看？」我大驚，問他：「誰說的？」他說：「學校的女孩子……」我把他抱起來說：「看看媽媽。媽媽好不好看？」他點著頭：「媽媽很好看。」我把他放下，拿出我小時候的照片，「你看，媽媽小時候的樣子，是不是和你很相似？」「哇！真的很相似！」「那麼，你說自己好不好看？」大兒子大笑了：「好看！」我用手摸著他的小臉，看著他的眼睛告訴他：「好不好看不是看外表，最重要的是心中美與不美。你的心美麗無比，不但好看，而且是太好看了！以後，同學們都會看得到的。」他點著頭，滿面笑容地說：「明白了，媽媽！」

「不和他人比較」，其實就是認可孩子最真實的模樣。不管學習棒不棒，運動能力強不強，都沒有關係。因此，「你要是做好了〇〇，媽媽給你獎勵哦」這種附加了條件的疼愛方式，也是萬萬不可的。這會使孩子覺得「如果達不到這個條件，我就毫無價值」，從而致使他們失去自信，並養成沒有獎勵就不努力的壞習慣。

並不是「做到了就是好孩子」，而是「努力過就是好孩子」。對於孩子來說，最好的獎賞莫過於來自周圍的關愛。孩子身上的價值，不會因為他會幹什麼、不會幹什麼而有任何改變。

11

內心從容

心に余裕がある子に

A heart big enough to accommodate others

內心從容的孩子，會為他人著想，重視自己；內心不從容的孩子，會產生嫉妒心、歧視心。

擁有自尊心的孩子，內心也有從容感。

如果內心從容，當身邊出現比自己優秀的人時，會由衷地感歎：「哇！好厲害，那個小朋友真棒！」成為一個視他人之樂為己樂，樂己樂人的孩子。而且懂得「別人是別人，自己是自己」的道理，即便遇到比自己更優秀的人，也不妒忌，或自慚形穢，在學習、做運動、玩遊戲上，可以很坦率地請教別人，「我也想做好這個，教教我吧。」

反過來，自尊心較弱、不會自我肯定的孩子，也就不會肯定他人。

這樣的小孩在碰見比自己更優秀的人時，會產生「好羨慕啊」「怎麼老是那傢伙」這樣的不快感，從而產生嫉妒心理。更極端的情況，甚至會出現類似「那傢伙太得意了，我得扯一記後腿」這樣的攻擊性情緒。

在遇到沒自己優秀，比自己弱的小朋友時也是同樣的。有自尊心、內心從容的孩子，對他人抱有一顆關懷、寬容的心。因此在看見比自己弱的小朋友時，自然而然就會產生「我要幫助別人」的心理。

但是，如果一個孩子內心沒有從容感，多少會有差別對待的想法，比如：「啊，那傢伙和我不是一個水平啊。和這種人我可玩不到一起呢。」更嚴重的，甚至會想「這麼弱呀，我來欺負欺負他」，然後欺凌別人，通過圍觀別人困擾難堪的樣子獲取自我優越感。

然而，這樣的優越感絕不可能持久。所以為了得到同樣的快感，可能會繼續將欺凌他人的程度升級。一線之差，孩子就會變得無法區分善惡。就算自己在做不好的事，也毫無罪惡感，不會誠懇地道歉，總會找理由推卸責任。每天過著這樣的日子，一定不會開心。總是覺得缺少了什麼，感到不公平、不滿足。像這樣不會自我肯定的孩子，就連從平日起累積努力的積極心都不曉得了。

我為了提高兒子們的自尊心，使他們內心富有從容感，總是會告訴他們：「做自己就行了。要相信自己。你的潛力無限大。讓我們一起拓展自己的長處吧。」另外，還會對他們說：「要與人為善。想要守護自己，也必須守護他人哦。」

這樣的話並沒有什麼特別。自然得如同呼吸一般，都是我平常在不斷重複說的。也許正是因為我的「嘮叨」，三個兒子從來不嫉妒別人，不作差別對待，都成長為了自信又誠實的孩子。

二兒子讀小學五年級那年，發生了這樣一件事。

「媽媽，我朋友在學校裡一直哭，我就把她帶回來了。」他把因為家庭問題回不了家的女同學帶回了自己家，還問我「她沒地方可去，我們讓她在家中住一下吧？」原來這女孩子在學校裡也請老師幫過忙，但是被拒絕了，然後又聯繫不上自己的媽媽。二兒子見她一個人在哭，主動上前搭話。我對兒子的這份溫柔很是感動，於是讓這女孩子在我家住了兩個禮拜左右，直到她家的問題得到解決。看著二兒子安慰女孩的樣子，感覺這孩子還真是可靠呢。

要培養能為他人著想、關愛他人，內心富足而從容的孩子，自尊心教育絕對不可缺少。

12

能發展自我才能

自分の才能を伸ばせる子に

Encourage your child to express and exert

不要浪費孩子潛藏的可能性。

我認為，任何人與生俱來都有擅長之事。那麼，為什麼有些人能夠發展才能，有些人卻一輩子連發揮才能的機會都沒有呢？其中的差別，在於是否擁有自我肯定能力。

能自我肯定的孩子，會天真單純地將自己的長處表現出來。這樣周圍的人容易發現他的才能，於是就有了擴展潛力的機會。想要發現孩子身上的才能和潛力，首先，父母必須仔細觀察自己的孩子。而且，重要的是無論孩子做什麼都要津津有味地看著。周遭環境如果給予孩子的行為以肯定和鼓勵，孩子就會越來越有信心，多多表現自己。通過這樣的做法，可以讓孩子發展自我個性與才能。

另一方面，失去了自信的孩子，會變得不願意將自己的長處向外展露。因為他們擔心「如果說這句話會不會被人笑啊？」「會不會被拿來和別人比較？」漸漸地，也就忘卻了自己的優點，或者乾脆放棄了。

孩子身上的隱秘才能，只有通過自己向外界表現出來才會被發現。誰都沒有發覺的話，才能和潛力就會消失殆盡。我覺得這非常可惜。

總之我會非常認真地觀察我的兒子們。他們對任何事物哪怕表現出一丁點興趣，我都會積極鼓勵。

大兒子第一次表現出對做菜有興趣是在他三歲的時候。我把他帶到廚房裡，給他一把小孩專用的小刀，開始教他如何做菜。剛開始的時候，搬一張椅子到洗滌台前，讓他站在上頭切切蔬菜什麼的；等過一段時間，一起做做蛋糕、派、餃子皮啦，洗洗東西啦。只要大兒子說想做什麼，我都不怕麻煩讓他放手去幹。

他還非常喜歡玩假想釣魚的遊戲。把床當做小船一樣站在上頭，吊著一根線，時常假裝自己在釣魚的樣子。「釣到咯，釣到咯。」他喊著。「釣到什麼啦？」我問，接著他會回答我「鯛魚」、「秋刀魚」、「章魚」什麼的。「那我們怎麼吃呀？」我再問，他會說「烤著吃」、「蒸一蒸，放點醬油」，給出許多有趣的答案。「那咱們今晚就做這道菜吧。」我附和道。兩個人一起站在廚房裡，他還會那樣啦這樣地不斷給我出主意。

只要對孩子某個興趣加以拓展，他的興趣點將會越來越廣泛。大兒子在五歲左右就幾乎讀遍了所有的魚類圖鑒書，稱得上是一名小小「魚博士」。後來等到他上小學，我丈夫甚至教會了他怎麼殺魚。

如今，這孩子已變身為連我也甘拜下風的料理愛好者呢。

諸如此類，興趣也好，運動也罷，無論什麼領域都行。反正先讓孩子發展自己的興趣，讓他自由地表達自己喜歡的事情。小孩子在做自己喜歡的事情時，是很有活力的。幫助孩子找到自己的愛好、擅長的領域，拓展他的潛力，最終也會有助於學習。

告訴孩子「說說你的想法！」讓他積極、自由地表現自己，萃取出他的優點來吧。

13

懂得「忘我」

「忘我」ができる子に

Learn to forget yourself

切實感到自己的行為對他人有所幫助，就能恢復自我肯定的能力。

大部分孩子通過從父母那裡得到的愛，從而擁有自信。但是，由於某些原因，有時候也會導致孩子的自尊心很弱。即便如此，也不要放棄，因為自我肯定能力是可以恢復的。

實際上，我曾經也是個自我肯定能力不足的小孩。

我是家裡六個兄弟姐妹中的老四，三姐妹最小的那個，從小就一直被大人拿來和另外的美女姐姐、優等生姐姐作比較。因此，我一直覺得「自己一無是處」，煩惱「自己真是個可憐的小孩」。

而且母親經常會向周圍人道歉，「懷上我家 Agnes 時正好是家裡最窮的時候，可能她身上有哪些不足吧。」每次聽她這麼說，都會讓我深信「自己是個殘次品」，於是性格也變得越來越陰鬱。

小時候，我就是個全無自信、只剩自卑的小孩。

在我初中一年級時，轉機突然降臨。當時我剛開始參加義工活動，在活動現場遇到了很多不同背景的孩子們。他們有的身體有殘障，有的是難民的孩子，還有些是在女童院或孤兒院裡生活的小孩……這些和我同齡的孩子，在我從前無法想像的殘酷環境中生活。看著他們，我才意識到自己是在多麼優越的條件中長大，頓時明白自己的那些煩惱那麼的微不足道。

「我想讓他們多少恢復一些歡笑。」抱著這樣的想法，我拚命找機會和他們聊天，鼓勵他們。非常喜歡唱歌的我，還在學校午餐時間通過唱歌，從同學們那裡收集食物給這些孩子們。

之後我慢慢發現，自己變得開朗了，很有行動力，朋友也多了，人很積極。後來還為了義工活動到各地學校去唱歌，成為當時的話題。到十四歲時在香港被發掘，作為歌手出道。對於我來說，終於有一個屬於我的優點了。

那麼為什麼我能夠恢復自尊心，變得相信自己了呢？

我想，一定是因為當時的我「忘卻了自己」。

我感覺在我面前的這些孩子比我自己的煩惱要重要得多，在忘我地參與義工活動的過程中，忘記了自己的自卑等等負面情緒。因此不再介意他人的目光，變得能夠自我表現，將隱藏於內心深處的優點發揮了出來。

所以我會對自己的兒子們說「要盡情把自己內心的能量向外釋放」，告訴他們，「比起擔心自己，要多考慮周圍的人。不僅是指家人、朋友這些親近的人，而是包括整個社會和世界哦。」

從孩子小時候起，我就和他們一同參與了聯合國兒童基金會的街頭募捐，在初中時還參與了所在區域舉辦的義工活動。從他們高中時期開始則利用暑假時間，參加了在柬埔寨、泰國的義工活動。東日本大地震的時候，也到訪了受災地開展一系列活動。

我和三個孩子一同為了他人而忘我地做事，以此收穫了內心的從容。

如果您的周圍也有自我肯定能力較弱、沒有自信的孩子，請讓他們暫時忘卻自己，找尋一下能夠讓他們「忘我」的事情吧。比如在家附近撿撿垃圾，主動和在學校受欺負的小孩說說話，幫助行動不便的老人提重物等等，再小的事情也無妨，建議孩子們為了他人主動行動起來。

當切實感受到自己的行為對誰有幫助，自己幫到了誰，對周圍確實起到了作用的時候，那麼這個孩子就會意識到自己原本就擁有的優秀價值。

這麼一來，可以恢復自我肯定能力。恢復了自信，孩子的成長將走向一個光明的未來。

14

有顆感恩的心

感謝の気持ちを持てる子に

Be thankful for everything

如果沒有「托您的福」這樣的感恩心，不管多有錢都是個窮人。不管被多少人圍繞都是個寂寞的人。

在日語中，有一個詞組我非常喜歡：「おかげさまで（托您的福）」。我時常會和兒子們說，「你從出生到今天，都是托誰的福才能過上這麼好的生活呀。」在日本生活很方便，成長路上都沒受過什麼苦，孩子們會認為現在的美好生活是理所當然的。

但現實是，在如此安逸的生活背後，許多人二十四小時不間斷地在工作。道路、水管、電力等基礎設施的管理，垃圾回收事務；就連便利商店裡的商品也好，也是需要有人去運送的。即便在家裡，打掃、洗衣服、做飯等等，全都有人幫忙幹，孩子才能安心長大。

在有些發展中國家，有的地方連水管、電力、道路、學校都沒有，甚至生了病連個看病的醫院也沒有。如果是戰亂中的國家，保護自己生命的人都沒有。父母雙亡的小孩，從小做童工幹活、乞討，不然就沒飯吃。想想這些，應該就能體會到在日本的生活有多幸福吧。

我經常會和兒子們說起在參加聯合國海外視察時遇到的一些孩子們的故事。在蘇丹，一個失去父親後淪為兒童兵的十二歲男孩；被母親賣掉，從柬埔寨被帶到泰國，被迫從事賣淫的十一歲女孩；菲律賓街頭流浪兒悲慘的每一天……好好跟孩子們說說這些故事，即便他們年齡尚小，也能瞭解到這些國外的孩子有多不容易。並且，也能切身感受到自己的幸運。

「如果忘卻了感恩、感謝的心，不管多有錢都是個窮人。不管被多少人圍繞都是個寂寞的人。」一路以來，我都會和兒子們念叨這句話。而兒子們也很好地吸收理解了，「感謝有飯吃」、「感謝有水」、「感謝有電」、「感謝生命」，抱持一顆「托您的福」的感恩心，成長為不忘對周遭常懷感謝之情的孩子。

也許是因為我的這種教育，他們無論處於多麼嚴峻的狀況中，起碼不會抱怨。而且也沒有太多物慾。

前些日子，我無意中看見從美國回來的三兒子的舊鞋子，對他說「還是買雙新的吧」。但是他拒絕了，「完全還能再穿啊。太浪費了，沒必要買啦。」像這樣的對話經常發生。我這三個兒子，偶爾都被我發現過身上穿的舊衣服、舊鞋子連我都看不過眼，他們卻要穿到破得不行了才罷休。這仨孩子對外表完全不介意。「珍惜物品」、「常懷感恩心」、「不要忘記感謝」，這些教誨，似乎已經牢牢印刻在兒子們的頭腦中了。

15

不被金錢控制

お金に支配されない子に

Think about the things money cannot buy

金錢所買不到的愛情、友情、溫暖、回憶，能夠豐富自己的人生。

說到「給孩子做金錢教育」，一般就是告訴他們金錢的重要性。比如教他們自己做好預算再買東西，或者直接給零花錢自己考慮怎麼使用。

而我的話，不是教兒子們用金錢購物，而是從告訴他們金錢買不到的東西開始。

錢雖然很重要，但太依賴金錢會被它控制。許多人都是因為錢，失去了人生中最重要的東西。因此我首先教導兒子們兩個道理：「即使沒錢，還是會有很多快樂。」「比金錢更重要的東西有很多。」

在我家，基本上不會給孩子自由使用的零花錢，就連送禮物也是一年兩次而已。一次是聖誕節聖誕老人送的，剩下的就是孩子過生日時從爸爸媽媽那裡得到的禮物。

比起買玩具給孩子，我更願意教他們一些動手動腦的遊戲。從幼兒期開始我就經常和兒子們一起身體力行地玩了不少遊戲，如「乾瞪眼」啦，「紅燈綠燈，停！」啦，面對面站好用手互推對方的「互推相撲」啦；另外還有輪流吟詠俳句的「俳句大會」，比賽誰知道的諺語更多的「諺語馬拉松」等等。只要大家聚在一起，隨時隨地都可以開始玩。

這些遊戲強身又健腦，一石二鳥。孩子們玩兒起來永遠不會覺得無聊。幼兒園和讀小學的時候，大家很喜歡聚在一塊兒下下棋、玩玩撲克牌和UNO，總之依然不怎麼玩要花錢的遊戲。雖說偶爾家人一起會去個主題公園，但一次都沒進出過遊戲中心。

我的兒子們自然而然地學會了不少不花錢就能玩耍的方法，結果變成了沒有什麼物慾的孩子。經常在玩具商店看見哭著喊著要大人買玩具的小孩，而這種情況在我家從來沒發生過。

兒子們會說，「玩具玩不多久就會煩了，我不要的。」偶爾我要出差，對孩子們說「給你們一人買一點手信吧」，等回家後，他們也會很仔細地挑選，最後只拿很小很便宜的東西。

現金方面，兒子們一年能拿到兩次——元旦和春節。都是從爸爸、媽媽和親戚那裡拿到的壓歲錢。由於金額不少，我會告訴孩子：「只留下夠用的一部分，其他就存起來吧。」然後一部分錢讓孩子們自己拿著，剩下的全部幫他們做儲蓄。

我們家孩子直到上高中之前，基本上沒收到過我們給的零花錢。都是他們要用到錢的時候，例如和朋友出門，給朋友買生日禮物，遠足時買手信等等，一次次給的。

最近我也試著詢問過孩子，「是不是覺得這樣不方便呢？」而他們異口同聲地回答：「完全沒覺得有什麼不自由啊。反正也不是很需要錢，等要用的時候你們也會給的。」我想，他們應該是早早就懂得了「和家人在一起的時光才是最大的奢侈」吧。

金錢所買不到的愛情、友情、溫暖、回憶，能夠豐富自己的人生。這個道理有沒有儘早告訴孩子，他們對於金錢的感受也會大相徑庭。

「金錢就是全部，有錢就是萬能。」這個世界總給人這樣的錯覺，但事實絕非如此。不依賴金錢，不被金錢所支配，愉快地生活下去。與這樣美好的生活方式直接相關的金錢教育，對於孩子來說是必需的。

16

有「出頭」的勇氣

出る杭になる勇気ある子に

Don't be afraid to be different

和大家不一樣，其實是一種恩賜。社會需要能夠自由表達的人才。

我覺得在日本社會中，有一股這樣的風潮，認為「處於平均水平最為妥當」。太過顯眼的話會引人側目，看上去很自滿。也許孩子們也會無意識地自我防備起來，認為「乖乖的，不惹眼最好」。

但是，「任何事情都不能打亂日常節奏，看綜合能力定勝負」這樣的老思想已經過時。今後的時代，尋求的是與眾不同的思想。這個世界每天都在期待全新事物的產生，需要的是通過自由想像表達，創造與眾不同的新潮流的人才。

想要成為這樣的人，關鍵在於無懼他人目光，釋放自己的內心。如果一個人沒有自信，無法做到這一點。在學校裡做著與別人不一樣的事情，即使被欺負、被嘲笑，也能重視自己「個性」的孩子，可以說正是如今這個世界尋求的人才。

許多大學也正在尋找這樣的人才。

我始終告訴我的兒子們，「不要勉強和別人一樣。」如果他們回來告訴我碰到了覺得有點奇怪的小朋友，我會積極地進行讚揚：「那孩子很好呀。很特別呢。」這樣做，是在營造一種讓孩子容易顯露出「個性」的氛圍。

我不希望自己的孩子成為輕易迎合別人，為了讓別人喜歡自己，歪曲自己意見而妥協的人。我一直告訴孩子們，「不要變成『大樹底下好乘涼』的人，就算被打擊，做個『出頭鳥』也要好得多。」

這句話在他們去美國留學之後，起到了很大作用。美國是一個注重個體意見的國家。無論是同意還是反對別人，不會表達自我見解的人不為他人所信任。僅僅是在迎合他人的話，通常會被認為是個「什麼都不會思考的無能者」。

萬幸的是，我的兒子們已然成長為不羞於提出自己看法的人。其中最厲害的是大兒子，他常常會有一些獨創想法，並且會積極表達出來；二兒子只有在覺得這個話題沒意思的時候才會保持沉默，如果是自己關心的話題，他有能力說服到對方認同為止；三兒子最大的武器，是會笑臉盈盈地將自己的意見做簡單易懂的說明，他高超的演講水平在小學時就受到了好評。

雖然三人的態度各不相同，但他們都能抱持各自相異的意見，從不畏懼自己的行為與他們不同。我們家人日常喜愛討論，經常聊到天明。看著兒子們熱心表達自己，不怕意見衝突，認真地互相學習，令我覺得很安慰。

和大家不一樣，不單是一種恩賜，也可以說是一個人最大的武器。

17

不懼怕失敗

失敗を恐れない子に

Failure is the key to the next big thing

失敗絕非壞事。害怕失敗而不敢行動，才是最壞的事。

「即使失敗了，把它看做走向下一階段的一個必經步驟就行。任何事自有其用意。」

「只要把『如何將失敗轉化為成功的原動力』作為課題就行。」

我都是這樣教育兒子們的。

我覺得只要是發生在自己身上的事情，全都自有其意義。成功有成功的理由，失敗也有失敗的意義。在明白失敗意義的那一刻起，也就能明白事情發生的意義所在。

如果能理解其中的意義，之後會有更進一步的飛躍。而如果理解不了或者無視它，即便成功了也將止步不前，一旦失敗就再也站不起來了。

失敗絕非壞事。害怕失敗而不敢行動，才是最不好的。

人們時常會有這樣的通病：失去了某樣東西，就立馬進入防禦狀態，不敢再挑戰新的嘗試。但是，安於現狀是極其危險的。

滿足於現狀而停滯不前的人，如果周圍其他人都在前進的話，自己等同於在後退。時代一直在向前走，人是需要有所行動的。如果只有你自己止步不前的話，那將會失去所有的東西。太執拗於金錢、物質、名譽、地位，就會恐懼失敗變得不再敢於挑戰。

所以我一直告訴兒子們「要努力不斷向前。為以防萬一做好最低限度的準備是需要的，但不必害怕失去其他東西，想做的事情要盡情挑戰」，並一路在背後給予他們支持。擇校也好，換工作也好，我都支持他們走上自己相信的道路。

事實上，在我三個兒子上的美國高中「撒切爾學校」和老師進行升學討論時，三個孩子都被老師說過這樣的話：「分數還差了一點，可能比較難考進史丹福大學。有幾個科目的考試都沒考好嘛……」

聽完老師的話，兒子們的幹勁非常猛。向自己不擅長科目的老師詢問自己的弱項，然後拚命學習，在最後一學期提高了成績，成功被錄取。可以說，正是之前一次考試的失敗，點燃了他們挑戰的激情。所以說，如果真的聽從了升學指導老師的建議，我想我的兒子們也就進不了史丹福大學了吧。

不主動放棄，「考砸了，只要再努力點學習就好了。」「還有時間，我要把不可能變為可能！」以進攻姿勢重新挑戰之後，最終戰勝了自我。而這，恰恰印證了「失敗乃成功之母」。

18

選擇最難走的路

難しい道を選ぶ子に

When in doubt, choose the hardest path

始終保持向上姿態的挑戰者精神，是成為世界通用型人才的條件。

「迷茫的時候，選擇最難走的那條路。」

這是我父親留給我的話。我覺得這句話非常有用，也教給了自己的兒子們。

比如，還有作業沒做完，但是想看電視的時候，哪樣比較難呢？當然是寫作業。這麼一想就不會迷茫，做完作業再看電視。

又比如，「目標是考上史丹福，還是其他隨便什麼大學？」孩子有這個迷惑的時候，因為史丹福大學更難考，因此選擇以史丹福為目標。

像這樣若是選擇難走的路，就不得不付出相應更多的努力。但從結果上來看，也能進一步提高自己。

在不知道該不該道歉時，更難的一方是進行道歉，於是選擇主動道歉。

「想和別人打招呼但有點不好意思……怎麼辦才好？」當有這樣的不知所措時，也會想起之前那句話，主動打招呼。

「迷茫的時候，選擇最難走的那條路。」這句話在人際交往中，也能給予向前邁進一步的勇氣。

我家三兒子尤其喜歡這句話，親身做了實踐。挑戰考取史丹福大學，也是他自己決定的。寫申請書的日子裡，到了深夜也不停筆。我勸他：「剩下的明天再做吧……該睡覺了。」是睡覺還是繼續寫呢。當然是睡覺比較輕鬆。但是他回答我：「還剩一點了，讓我做完吧。」然後重新回看了好幾遍論文不斷進行修改。

「寫得真好，很完美啊。」即便是我讀過後覺得已經可以的文章，他還是會說：「不不，還差一點。」接著繼續打磨。過了數天，三兒子把完成的文章拿給我看時，我不覺感淚，因為他的確是改善了很多，沒有放棄找尋完美，願意走最難的路，令我很佩服。

「我就是要選最難走的路。」像這樣在自己心中認定了，則無論要吃多少苦都會努力，再無迷惘地前進。

看著兒子們的樣子，我十分清楚他們都各自選擇了絕非輕鬆好走的路。始終保持向上姿態，挑戰自我，這是成為世界通用型人才的重要動機。敢於挑戰難事，即使身處惡劣環境也能忍耐，向著成功的目標不斷頑強努力。

這種精神準備的基礎，我想就是源自我父親的那句教誨：「在做重要抉擇時，始終選擇最難走的那條路。」

19

懂得報恩

「恩返しの心」を持つ子に

No one is a nuisance to anyone

人都是互相照應、互相幫助著生活的。

日本家庭教育中有個非常典型的教誨：「不給他人添麻煩」。

但是，我覺得這個教誨如果搞錯了一步，就會給孩子帶去錯誤的價值觀。所以我認為這句話說得不夠充分。所謂「不給他人添麻煩」，意思也就等同於「現在也沒有給別人添麻煩」一樣。然而實際情況卻是，人從出生那天開始，就是在大家互相照應下生存的。

例如，就說呼吸這個動作吧，由於呼出了二氧化碳，所以會導致地球暖化現象更嚴重。這個世界上，也就不存在「完全不會給任何人添麻煩」的人類。

如果要教導孩子關於添麻煩的問題，本應這麼說更好：「人都在互相照應著，在互相諒解的基礎上生活著。因此，要對周圍的人抱有感謝之情，有所報答。」

話說回來，「添麻煩」到底是什麼呢？我想，一般是指「令他人感到不快」「傷害他人」「盗取他人物品」「做犯法的事」，類似這樣的事情吧。但是對於孩子來說，可能會理解錯「添麻煩」的定義。

比如殘障人士、小嬰兒以及帶嬰兒的母親、老人、無家可歸的流浪者等等，他們就需要周圍人的理解和支持。像這些社會上的弱勢群體，有時會被周圍的人另眼相看。這是因為，有些孩子會有誤解，覺得「自己很健康，沒有給任何人添麻煩，這些人卻在給周圍人添麻煩」，於是就對別人有差別對待，甚至欺負別人。

再進一步來說，「別人」指的是誰呢？除自己以外其他所有人？家人以外的人？還是除了自己國家之外的人呢？

「別人」這個詞，用以區別個人所屬群體與其他群體。但是，在推行國際化的今天，全人類正在探尋一條超越人種、性別、宗教和主義主張的共存之路。為了築建健全人士與殘障人士共同生活的包容性社會，「不給他人添麻煩」這句教誨，已然落後於這個時代。

而且這句話還會造成一個問題：當自己碰到困難時會過於在意他人的眼光，而變得無法坦率地向別人尋求幫助。曾經發生過有人因為考慮到「決不能給人添麻煩」「不想成為社會的負擔」而硬撐，明明連吃的都沒有，還是不願接受社會扶助，最後造成悲劇的事件。

因此，我都是這麼教育自己兒子的：「人都是互相照應著生活的。並且大家也都在互相幫助，所以一定要對周圍的人表達感謝和感恩。」「趁自己還有餘力的時候，要多幫助別人。但是，自己遇到困難時，也不要羞於開口向別人求助，不用覺得會麻煩別人。所有人都是彼此彼此哦。」

自己也好，自己的家人也好，學校內外的朋友，日本人、中國人、外國人，健康人或是殘疾人，嬰兒或是老人，「大家都是生活在地球上的人」，所有人都是重要的存在。所以說，倒不如教導孩子：「這世上不添麻煩的人不存在，大家要互相支持著一同生活。」這才應該是培養出心善孩子的正確方針。

第三章

想要賦予孩子的15種力量

同樣有助於學習

子どもに与えたい15の力
勉強にも役立つ

腦力 | 閱讀理解能力 | 集中力 | 想像力 | 跨國界理解力 | 學習能力 | 健身·強心力 | 判斷力 | 提問能力 | 傾聽、陳述意見的能力 | 覺察力 | 笑的能力 | 自制力 | 隨機應變能力 | 質疑能力 |

20

腦力

頭脳力

Watch, listen, touch, and meet

讓孩子多看、多聽、多接觸、多與人見面，增加腦突觸（synapse）。

對於幼兒期的孩子，有一點很重要：盡可能讓他多多體驗，刺激五感神經。因為這一時期，正是快速增加連接腦神經細胞的突觸[2]數量的時候。人類的腦細胞數量基本上都一樣。但是，連接腦細胞的突觸卻因人而異。突觸數量越多，大腦運轉速度越快。因此，想要拓展孩子的潛力，就要盡量增加連接腦細胞的回路。

小孩的大腦，如同一張雪白的畫紙。任何事對他們來說都是新鮮的初次經歷。一樣一樣用眼睛看、用耳朵聽、用身體接觸，大腦得到刺激，產生出新的回路。為此，我想盡可能每天都讓孩子嘗試不一樣的事情，給予不同的刺激。

經常聽到大家會說，固定每天的作息時間，使孩子的生活規律一些比較好。但是，如果總在重複相同的活動，恐怕反而會導致大腦發育遲緩。

比如說去公園吧。昨天去的是家附近的公園，那今天就坐個公車，跑去遠點兒的公園。偶爾去去海邊啦森林啦，對孩子來說很有必要。

吃東西也是，應當盡量多吃不同種類的食物，嘗嘗各種各樣的味道。並且讓孩子多見不一樣的人，多聽別人說話，也會促進大腦發育。接觸到各種物品或動物時的觸感、溫度和氣味等，對大腦的成長來說，也是非常好的體驗。通過五感不斷向大腦傳送信息，這是很重要的。

在教育者之間，有一個共識：到三歲之前多體驗，六歲之前能順利參與社群活動，八歲之前提高IQ為青春期做準備。這是因為八歲前是產生腦突觸最多的時期，而八歲以後用不上的突觸會消失。從那時起，一個人擅長不擅長的，喜歡或討厭的，就會確定下來。

因此在孩子八歲之前，有必要盡量讓他多看、多聽、多接觸，多與人見面，使腦突觸不斷複雜化。這樣一來，等到八歲之後，慢慢開始要做取捨的時候，選擇範圍就會廣很多，孩子的潛力也就更廣了。

當然個體之間也是有差別的，有時候很難依照計劃進行。即便如此，我還是很重視兒子們的腦發育階段，注意盡可能多給予刺激，為他們的成長保駕護航。

孩子們小的時候，可以的話我會帶他們一起上班，一有時間就和他們到外面散步、坐電車、到博物館和動物園，放假時則去郊外幫忙種田、釣魚、收集昆蟲；春天看櫻花，夏天到海邊，秋天看紅葉，冬天做雪人，等等。

為了培養出好奇心旺盛，做事積極、不膽怯的孩子，幼兒時期的豐富經歷不可缺少。就算是為了不埋沒孩子的潛力，也要讓他們多看、多聽、多接觸、多與人相處，多見見世面。

註2：突觸（synapse），輸出神經信息的神經元與輸入神經信息的神經元之間傳遞信息、相互接觸的結構。

21

閱讀理解能力

讀解力

Read lots and lots of books

想讓孩子喜歡學習，第一步就是讓他愛上看書。

日本是世界上繪本圖書種類較為豐富的國家。

我在兒子們學會抬頭之前，就開始給他們讀繪本。也不管他們能不能理解，每次一有時間都會躺下來，翻開書讀給他們聽。

最初孩子只是眼睛跟著看，不久之後看到同一幅畫會笑起來，或者擺出像是催著我趕緊翻頁的小表情。會自己坐起來之後，開始想要自己動手翻書了。接著等到會說話的時候，之前讀過的繪本，我看他們大部分都能背下來呢。

由於我很早就教他們認識了平假名，三歲左右開始，他們就能自己讀繪本了。

我不光讀給孩子聽，還會對他們說「接下來你來讀給媽媽聽哦」。讓他們自己發出聲音讀，內容更容易記在腦子裡。讀完之後，再叫孩子「給爸爸說說這本書講的是什麼吧」。因為如果要解釋給別人聽，必須透徹理解內容並做簡短說明，算是給大腦做了一次體操。小小一冊繪本，可以進行許多頭腦訓練，也能培育學習上必需的閱讀理解能力。

從五歲左右起，我幾乎已經給孩子讀遍了所有的兒童文學書，也經常帶他們去圖書館。大兒子很喜歡非虛構作品，尤其愛看偉人傳記、自然科學方面的書籍，像《法布爾昆蟲記》[3]、《西頓動物記》[4]等，全都讀過。

二兒子喜歡幻想文學和虛構作品，《白鯨記》、《湯姆歷險記》等，讀過不少名著。三兒子什麼都喜歡，哥哥們的書也會找來看。

逢星期日，我們一家人會去書店買些喜歡的書，到茶館裡邊喝茶邊讀書。讀完後，互相談談各自讀的書的內容，或者交換著看。

這個習慣從孩子小時候一直延續至今。前些天回國的三兒子對我說：「媽媽，《火星任務》讀過了嗎？我在飛機上讀完了，給你吧。」於是把書借給了我。而我則對他說：「那你把約翰．基斯咸[5]的新書拿去吧。」然後我也把我讀過的書交給了他。

實際上，喜歡閱讀文字的孩子，讀教科書也不會犯愁。我的兒子們都非常喜歡文字，上小學時只要一拿到教科書，當天就能讀完。想讓孩子喜歡學習，第一步就是讓他愛上看書。

註3：（譯註）法國傑出昆蟲學家、文學家法布爾（Jean-Henri Fabre, 1823－1915）的主要著作。不僅是一部研究昆蟲的科學巨著，也是一部謳歌生命的宏偉詩篇。

註4：（譯註）西頓（Ernest Seton Thompson, 1860－1946），世界著名野生動物畫家、博物學家、作家，被譽為「動物小説之父」。

註5：（譯註）約翰．基斯咸（JohnGrisham, 1955－），美國知名暢銷小説作家。

22

集中力

集中力

Train to concentrate

沒有集中力，任何事情都無法高效完成。

無論做什麼事，如果沒有集中力就不能高效率完成。學習也是同理。能夠集中精神的孩子，可以充分發揮能力專注於課題，短時間完成學習，並取得好成績。但要是孩子心氣散漫、集中力持續時間短，不管做多少事時間也是白白地流過，學習效率變得非常低。

為了提高兒子們的集中力，我會和他們一起做各種遊戲。進行一些時間長、需要耐性的活動，集中力將得以提高。

即便有些事情常常覺得可能「小孩子做不了吧」，但如果孩子真的有興趣，真的喜歡，哪怕尚處在幼兒期，也能進行提高集中力的訓練。

我家大兒子對料理有興趣，三歲左右開始我就差他幫忙揀菜、切菜、稱重量或者攪拌食材，讓他堅持幹些細碎的活兒。

事實上，做菜對於提高集中力來說是非常有效的活動。

烤一烤、炒一炒，設定烤箱溫度之類的烹調動作，如果不集中精力，可是會受傷、燙傷的。做錯一個步驟就做不出美味的飯菜了，因此就算再麻煩，也必須集中精神堅持到最後。

雖然我覺得自己做料理比較簡單和輕鬆，但還是堅持讓大兒子一起陪著。等菜端上來之後，兩人一起品嚐，覺得好吃的話就好好誇讚他。受到表揚的大兒子很高興，幾乎每天都要站在廚房裡的那張小椅子上，凝神認真地來幫我。

同樣的，愛好音樂的二兒子，我在他上小學五年級的時候教他吉他和弦，開始一起進行吉他練習。不管他的話，他可以專心彈上三四個小時。慢慢地，還會自己作詞作曲並演唱出來。後來把自創歌曲發佈在網上，一時成為網絡熱門話題。可以說，音樂成為了我二兒子人生不可缺少的色彩。

像這樣，父母親自陪著孩子，幫助他將興趣堅持做下去，那麼孩子自然就能提高集中力。一旦腦袋裡植入了「集中力開關」，孩子就可以自由調節它的「開」或「關」。「趕快好好學習呀」，哪怕你對孩子說到嘴巴發酸，也不會起到太大作用。然而，一旦讓孩子感受過一次集中於興趣所獲得的快感，那麼在必要的時候，他就會開啟「集中力開關」，專注於要做的事情上了。

除了料理和音樂以外，解謎、樂高、搭積木等遊戲也能提高集中力。一起和孩子讀讀俳句什麼的也行。最重要的是「和父母一同參與」。為了使孩子充分集中注意力來學習，平日父母的努力是必需的。

23

想像力

想像力

Original stories for our sons

給孩子講講原創的虛構故事，使他的想像力能夠全速運轉。

在我們家有個習慣，晚上睡覺前，我經常會講一些原創的虛構故事給兒子們聽。從大兒子兩歲左右起，這個習慣已經堅持了十餘年。我的自創小故事叫做「企鵝的冒險」，是一個沒有結尾的故事。

企鵝媽媽為了找到和自己走散的企鵝寶寶，到世界各地去旅行。隨著提到各個國家的文化風俗，故事情節也慢慢鋪展開來。企鵝媽媽或是遇到了危險，或是和善良的人們相遇。

我盡量講得有趣又生動。比如說到企鵝媽媽在印度被耍蛇人抓住，被迫跳蛇舞的場景時，我也會一邊跳舞一邊講。看著這一幕的兒子們哈哈大笑。講到企鵝媽媽來到日本登上富士山，躺在雪地裡的情節時，兒子們也聽得津津有味。

我丈夫的自創小故事叫做「愛放屁的屁太郎」。有一個大胃王的男人，總喜歡一個人呆呆地吃東西，他只要吃了番薯，就會放出特別大的「屁」。結果，他的屁常常都幫到別人。有盜賊襲擊村裡人，小朋友被欺負，或者有猛獸出沒的時候，千鈞一髮之際，他就用他的「屁」來擊退危險。

爸爸屏住、屏住，發出「嗯嗯……」的聲音，孩子們也會屏息期待著。接著伴隨著手勢「嗚哇～」一聲，同時做出突然放了「屁」的樣子，一下子就讓兒子們笑翻在地，真的會笑出眼淚呢。連我也被逗得笑到肚子疼。

為什麼要想一些原創故事呢？理由之一，就是想製造一些屬於我們自己的回憶。只在我們家才有的故事，這是一種父母愛意的表達吧。另一點理由，是希望通過親耳聽故事，可以擴展孩子的想像力。

即使沒有圖片和文字，光用耳朵聽，人就能充分發揮想像力，在頭腦中描繪出這個故事所呈現的世界。一瞬間，腦子裡構造出了一個超越現實的世界，人可以在這想像的世界中享受無限的樂趣。一個人可以從零開始創造出一個故事，然後在那個幻想世界裡，人們的思想互相影響，產生共鳴，想像的世界更進一步地擴大。我就是想給孩子這樣的體驗。

即便沒有漫畫、遊戲和繪本，孩子還是有其他玩樂的方法。這對孩子們來說，應該也是種新鮮的發現吧。即便漂流到無人島上，兒子們也能利用原創的虛構小故事，互相笑鬧著度過原本無聊的時間。

是的，就是這樣。身邊即使沒有任何東西，只要驅動想像力，人就可以創造出最開心的時光。想像力豐富的孩子，他的創造力也會提高。想要把孩子培養成能為這個世界提供新創意、新事物的人，全速運轉想像力的訓練也很必要。

24

跨國界理解力

国際理解力

Celebrate all the festivals

通過慶祝世界各地的傳統節日，使孩子感受不同文化的精彩。

在我們家，大家會盡量一起慶祝各國的傳統節日。

日本和中國自不必說，其他還有歐美的節日，一年之中，幾乎沒有不慶祝節日的月份。元旦、春節、立春（撒豆驅邪）、情人節、女兒節、復活節、兒童節、端午節、母親節、父親節、中秋節、萬聖節、感恩節、聖誕節等等……

為什麼我們會那麼注重傳統節日呢？因為我想讓孩子們多多瞭解自己國家的文化。同樣，也希望他們理解並體驗他國的文化。

小時候有過愉快的經歷，等到成人之後將成為美好的回憶。有了這些體驗，別說是自己國家了，對於其他國家的文化和歷史也會抱有好感。

在國際社會中，能夠解釋清楚自己國家的傳統與文化，這是很重要的。如果只是單純會說英文卻無實質內容，也就沒有什麼意義。

「鯉魚旗，是祈禱男孩如同越過瀑布的鯉魚一般健康成長而做的裝飾哦。小時候，我父母也為我掛過鯉魚旗，擺過男孩節人偶呢。」「春節時，我們都會拿到紅包呀！」「中秋節時，我們會賞月吃月餅。」

正因為之前有給兒子們慶祝過，他們才能像這樣跟別人說明。再進一步來講，在和外國人交流的時候，是否對他們國家的傳統文化和歷史背景有所知曉，對他們的心態是否有共鳴，這是會話的關鍵。「我也在萬聖節的時候變裝過，到鄰居家去討糖果。」「感恩節的時候，我家也會烤火雞吃哦。」僅僅是聊到這些事情，就能活躍談話氣氛。

我的兒子們都會主動調查世界各國節日的意義、傳統活動的歷史等。最近因為三個兒子都在美國生活，大多數節日無法和他們一起慶祝。但是他們對每一個慶祝過的節日，至今都很懷念呢。

二〇一五年，他們趁著聖誕節假期回了國。一看到家裡佈置的聖誕樹，個個目不轉睛，感歎道：「啊，這就是我當年做的裝飾呀。」「這是和爸爸一起掛上去的吧。」看看以前男孩節的人偶、翻翻合照，兒子們神采奕奕地聊著往事。我想，這就是文化的力量吧，是父母給予孩子的精神財富。

希望兒子們將來結婚成家之後，繼續繼承日本文化、中國文化乃至歐美國家的文化。

傳統節日能使孩子們為自己的國家感到驕傲，培養愛國之心。今後，我也希望他們好好守護下去。

25

學習能力

学習力

Feel the happiness of learning

學習新事物是為大腦提供盛宴。不斷給予孩子有趣而新穎的信息吧。

在兒子們上學之前，我希望他們親身體驗學習的樂趣。首先，我採取的方式是，讓他們邊玩遊戲邊記文字。

日語平假名是最容易記的，所以從它開始。在B4大小的紙上，寫一個大大的「あ」字，然後在下面畫一隻小螞蟻。湊近看能分辨出是螞蟻，我一邊給孩子看，一邊這麼教：「這個『あ』就是『あり（日文中「螞蟻」的意思）』的『あ』。」想要知道孩子是否記住了，把這張紙貼在房間中離這兒最遠的地方。雖然螞蟻的圖畫看不清了，但看得見「あ」。接著要孩子讀讀看那個字，像做遊戲一樣測試一下他。

如果孩子讀不出來，讓他跑過去站到紙的旁邊。這樣就看得見那隻小螞蟻，一定能答上來。慢慢地，不用特地跑過去看也能答對。五十音的所有平假名，孩子都是用這個方法立刻記住的。

「不是媽媽教你的，是你用自己的身體記住的喲。」表揚孩子，讓他有靠自力記住的實在經驗，這樣兒子們似乎也感到很自豪。我家大兒子、二兒子、三兒子，分別是在三歲、兩歲半和兩歲學會讀所有的平假名。並且，在整個過程中，讓孩子無意識地記住了要「靠自己學習」，瞭解到「學習是件快樂的事」。

自從學會了平假名，兒子們不再硬纏著我說：「媽媽，給我讀本書吧！」自己喜歡哪本自己就能讀起來，他們看上去可開心了。

那時候，有一個遊戲我們經常玩。攤開雜誌、報紙然後找文字，比如誰先找到「う」字誰就贏！父母和孩子一起努力找。在興奮地玩著遊戲的過程中，兒子們學會了越來越多的字。片假名、英語字母和漢字，我也用同樣的方法教，他們都迅速學會了。

兒子們在學到新東西的那一刻，眼神好似閃耀出了光芒，那個模樣至今讓我記憶猶新。彷彿腦中有顆燈泡猛地被點亮了一般，他們的表情一下子變得鮮活發亮。學習新事物是給大腦提供的盛宴，給頭腦補充的維生素。如果能不斷給予孩子有趣、新穎的信息，他們自己就會懂得學習的樂趣所在。

26

健身・強心力

健身・健心力

Teach your child to eat healthily

為防止高糖反應，我從未給孩子喝過甜飲料。

「食育」[6]，與孩子身體、智力和情感的發育有著很深的關係。

我把從母親那裡習得的中國藥膳理論，在自己的小家庭中進行實踐。首先仔細觀察三個兒子的體質，然後給他們吃適合其各自體質的食物。

體質分為熱寒（指內火旺或涼性）、實虛（體內堆積過剩或身體虛弱）、燥濕（容易乾燥或容易浮腫）三種組合。比如說，我的體質就屬於寒、虛、燥。我丈夫是熱、實、濕。

在藥膳理論中，食用彌補自己體質缺陷的食物是最基本的。

在此不加以贅述，總之我想給兒子們吃一些營養均衡的多品類食材，因此每天都會為他們製作「五色五味」[7]的菜。基本上從不讓他們吃冷凍食品或即食食品，只提供新鮮、安全的食材。烤、煮、炒、煎、蒸，還在各種烹調方法上下工夫，菜式也盡量豐富一些。事實上，傳統的日本料理，也是基於「五色五味」的理念。所以說，即便不應用中國藥膳，只要不依賴即食食品，家庭中吃日本料理就能充分實現「食育」目的。

關鍵在於少吃西式料理，盡可能給孩子吃親手做的料理。這一點最為重要。

而且，我從不給兒子們喝任何甜的飲料。糖分高的飲品，會在小朋友體內引起「高糖」反應。短時間內血糖值上升，胰島素大量分泌，被分解了的糖分使孩子心情愉悅、精力充沛。但是，糖分瞬間就會消失，身體為了尋求接下去的「高亢」狀態，又會想要更多糖分。而這，就是導致孩子大量攝取糖分而肥胖的原因。慢慢地，有些孩子的胰島素分泌變得紊亂，最終患上糖尿病。

我尤其關注的，是「高糖」退去後的「低落」狀態。小孩子一旦糖分過高，就會異常活躍，精神無法集中，很難冷靜下來。

而相反地，一旦進入「低落」狀態，孩子的心情會變得很差，又哭又鬧。這樣的循環往復，對孩子也好，對大人也好，都會形成一種壓力。而且，情緒不穩定的孩子，玩耍和學習方面都會變得散漫隨便，與朋友的交往也不順利。

因此，我從不給兒子們喝甜的飲料。連果汁也盡量不讓喝，以吃水果替代。

關於為什麼絕對不能喝甜的飲料，在孩子們小時候我就詳細給他們解釋了箇中緣由。他們都很好地予以理解，我不在身邊的時候，也絕對不會喝。如今，他們也一直只喝茶和水，自己還會進一步查詢關於藥膳等健康飲食的知識，找到適合自己體質的健康飲食方法。我母親經常和我說：「你就是你吃的東西，一定要好好思考再進食。」遵循母親那裡受教的傳統智慧與科學依據，我從不給孩子喝甜飲品。

註6：（譯註）明治維新時期著名醫生和營養家石塚左玄創建了「食育」一詞。在日本，其意義不僅在於吃飽、吃好，更是一種健全的飲食生活文化的傳承。

註7：原本是基於中國陰陽五行說的思想。「五色」指「白、黃、赤、青、黑」五種食材顏色。「五味」指「甘、酸、辛、苦、鹹」五種味覺。五色五味被認為分別保護著人的五臟，使人始終保持健康。

27

判斷力

判断力

Think with your own head

向孩子提問，讓其把握狀況、做出抉擇，使孩子能夠獨立思考。

從兒子們很小的時候開始，我就經常向他們拋出問題。

例如買雪糕的時候，會故意問孩子：「選哪個味道好呢？媽媽不知道怎麼選呀。」如果他們回答「不知道」，我就接著問：「之前我們選的巧克力是吧？再上一次是草莓味的。今天選哪個呀？」問到這個程度，基本上他們就會提出自己的想法了。

如果孩子回答「那這次選橘子味怎麼樣？」我就再問：「為什麼呀？」然後他們就會說出「因為顏色不一樣」、「因為沒吃過」等等，小孩子才有的可愛回覆。

接著，我會順勢採納孩子的意見。「這主意真棒！媽媽也沒吃過橘子味的，不錯哦！」表現出很喜悅的樣子，對孩子的想法予以表揚。

如果孩子親身感受到自己的意見能幫助別人，為他人所用，那麼他們就會明白開動腦筋思考並提出看法是一件好事。

單單只是贊成或反對大人的意見，無法培養孩子獨立思考的能力。即使再麻煩，也要在平時多向孩子提問，提供給他們思考的材料，讓他們在頭腦中組織想法。這一點很重要。在孩子幼年時不斷重複這個訓練，能讓他們養成經常思考的習慣，就會很有自信地提出自己的看法了。

用自己的頭腦思考，判斷狀況，獨立做出抉擇，最後對結果負責的整個過程，在培養出能夠做出正確判斷的孩子方面，是一項不可缺少的訓練。

大兒子在中考之後，同時考上了幾所美國名校。「選哪個學校由你自行考慮，自己選擇。」我丈夫把選擇權交到了孩子手裡。結果，大兒子放棄了排名前三的學校，選擇了排行第八的「撒切爾學校」。理由是「這所學校有騎馬和野營課程，能讓我有更多人生上的學習」。

身為「教育媽媽」的我，聽到這番理由不免略感吃驚。其實我還是希望他能進排名第一的學校。但是，我選擇尊重大兒子的意見，同意他進入這所學校念書。之後證明這個決定非常正確。通過照顧馬兒、接受騎馬訓練，在大山大海體驗一下嚴酷的野營生活，大兒子逐漸堅強茁壯地成長起來。而且學習也沒有馬虎，最後成功考入了史丹福大學。

如今，大兒子時常充滿自信地評價當時的決定：「我可不是隨便想想的。那時候起，我就確信這所學校很棒，所以才會選擇它。」用自己的頭腦思考、做出抉擇，對結果負責。從孩子小時候起就不斷堅持的這個訓練，在需要下重大決策時，就會顯示其有用之處了。

28

提問能力

質問をする力

Always ask questions

經常發問的孩子思慮周全，能獲得更多知識。

「如果有不明白的，無論是什麼都一定要提問哦。」我經常會這麼告訴自己的兒子們。學習中碰到不會的當然很正常。但是，明明不會卻保持沉默，可就不行了。

說什麼「因為不好意思所以沒問」，這是最可惜的。因為好不容易才找出自己不明白的地方，卻錯過了能夠知道答案的機會。

但是，學校裡也有一些老師，給人感覺他好像沒有回答多餘提問的閒工夫。碰到類似狀況，我會對兒子們說：「這時候就把不理解的問題寫下來。之後向其他老師提問，或者問朋友、媽媽，或是自己在網上查哦。」反正就告訴他們一有疑問或不明白的地方，一定要弄到搞懂為止。

不會的問題放任不管，就無法行進到下一步，上課內容也就無法更深入地理解。過不了多久，孩子就會暗示自己「我不擅長這門課」，導致對該課程產生厭惡，引起惡性循環。我希望兒子們盡可能對所有的科目都抱有興趣，並且快樂地學習。因此，我始終給他們灌輸一個觀念：要貫徹好提問的精神與習慣。

不管兒子們問我什麼，首先我都會對他們說：「這個提問問得好！」無論什麼提問都絕對不會小瞧，從給予表揚開始，讓他們知道提問本身已經是好事。

接下來，和孩子一同探尋答案。有時候也會碰到無法立馬回答的情況。

「媽媽，為什麼海水是鹹的？」「為什麼人會死？」……

無法給出明確答案的時候，我會認真地對他們說：「媽媽也不是很清楚，要不我們一起想想看吧。」

提出問題媽媽會高興，大人會對提問表現出濃濃興趣然後進行回答。如果能讓孩子獲得這樣的切實感受，那麼他們就會多多提問。

如果孩子向父母提問後，卻得到「我很忙，等一下。」「這種都不懂嗎？」等等回覆，被忽視或者小看，那麼孩子也就再也不想主動提問了。

帶三個孩子不容易，尤其是每天三餐的準備，但孩子們有疑問時是不會等待的，很多時會在我炒菜時到廚房問我：「媽媽，媽媽，為什麼〇〇〇？」我心裡是想先把菜炒好，但我絕對不會向孩子說「等一下，媽媽很忙」這樣的話。所以我會把火關上，先聽孩子的疑問，為他們找答案之後才繼續炒菜，而且還會再三感謝孩子發問的行為。

經常提出問題的孩子，思慮周全，會成長為能夠獨立思考的孩子。因此，父母無論再忙，絕對不能認為這是件麻煩事。面對孩子的問題，希望各位始終抱著認真、仔細的態度予以回覆。

29

傾聽、陳述意見的能力

聞く力、意見を述べる力

Let children join in conversations

讓孩子加入談話，培養其傾聽、交流的能力。

經常會看到這樣的情景：大人們在說話的時候，明明有孩子在，卻全然無視，我行我素進行著對話。

也許是因為在日本有一股風潮，認為大人在說話，小孩絕對不能插嘴。但是，如果是我的話，有小孩在場，反而會積極地讓孩子加入大人的談話。這是為了訓練孩子「傾聽」的能力。

如果孩子覺得周圍人的談話和自己毫無關係，就會把自己的耳朵「關」起來。要是養成了習慣，上課的時候也好，說到重要的事情也好，不愛聽的時候，自動就把自己的耳朵「關上」了。

我一直想把兒子培養成對別人的事情抱有興趣並予以傾聽，能夠參與談話的孩子。

因此，從孩子小時候起，只要他們在場，一定會讓他們參與大人的談話。對他們來說比較難懂的話題，盡可能解釋得簡單易懂，讓孩子也能理解。

比如家人在一起看新聞的時候，我會突然問孩子：「對這個你怎麼看？」之後，孩子們就會在看新聞的過程中，豎起耳朵仔細聽。如果孩子們覺得「被問到自己的意見」了，他們就會努力理解其中的內容。時間長了，比如像有關難民的報道，一聽我感歎道「真不容易啊大家」，孩子就會接話「必須給他們派發吃的呀」。當出現戰爭畫面時，孩子也會對著屏幕說「太過分了，別這樣啊」之類的話。

即使大家圍著一張飯桌，如果爸爸看報紙，媽媽看電視，孩子看漫畫、玩遊戲，這有什麼意思呢。做父親的，偶爾可說一句「最近工作可真夠忙的」，做母親的，偶爾也可以向孩子「哭訴」抱怨一下「媽媽最近正為這個犯愁呢」。遇到開心事，一同分享歡笑；碰到悲傷事、辛苦事，也都可以和孩子聊聊，與他們同悲傷、共煩惱。不要過度地把孩子僅當做一個孩子來對待，而是作為一個獨立的人，讓他也參與到大人的談話中。一直以來我都是這麼做的。

在參加同為媽媽的友人聚會時，如果有孩子過來了，我從不會對他說「快去旁邊自己玩」，而是會特意詢問「我們在聊這些，你有什麼看法嗎？」有時候孩子嘴裡不經意說出的獨特想法，會惹得我們哄堂大笑。像這樣的事情發生過好幾次。

在孩子上小學高年級之後，無論什麼話題，他們都可以相對平等地參與到大人的討論中來。他們會提出小孩特有的自由又有趣味的看法，有時我也會很投入地與他們討論。

據稱，具備傾聽能力的孩子，頭腦也會變聰明。那麼該如何訓練呢？第一步，不要光是大人之間進行談話，讓孩子多多參與對話中來。

現在，只要兒子們一回到家，關於政治、經濟、宗教的話題，我們有時還會一起議論到第二天早上呢。兒子們的話題豐富又有意思，甚至覺得時間都不夠用了。我實在覺得，這可能也是因為小時候開始的訓練，終於起到作用了吧。

30

覺察力

気づく力

Mutual report of daily activities

親子間互相做「今日匯報」，孩子會變得謹慎注意。

我想，每一位父母都有一個共同的願望，那就是想要知道孩子一天之中發生了什麼事。但是，大多數情況，孩子都不怎麼願意主動提起。為此，我一直堅持先向兒子們匯報自己一天的行動。

比如「今天媽媽去了電視台哦。節目上介紹了好吃的草莓，所以帶了一個回來呢。嚐嚐看吧。」等等，首先自己報告行程。這麼一來，兒子們也會將自己一天之中發生的最印象深刻的事，講給我聽。

通過把握孩子一天的動向，瞭解他是高興還是寂寞了，同歡喜、共安慰。另外，如果養成了互相彙報行程的習慣，也能提高相互間的信任度。

而且實際上，這種報告的習慣，對孩子的學習也很有幫助。做報告的時候，孩子們會回顧自己的一天。回想起一天之內發生的事情，進行整理後再表達，對以後寫報告來說也是一項不錯的訓練呢。

因為每天都要思考報告所需的素材，這樣一來，孩子對周圍環境就會變得非常謹慎注意。「今天在一片葉子上發現了小青蛙哦」、「在校園裡和打掃的阿姨聊了天」等等，平日生活中容易被忽視的各種小事，被生動地刻印在記憶中，不知不覺培養了「覺察力」。

培育這種感性、感覺，以後寫文章的時候，或者要表達自己的時候，都會很有幫助。成為一個肚子裡有不少好東西的人，聊的話題也變得豐富又有趣。

如果父母只是單方面問孩子「今天過得怎麼樣啊？」「發生什麼事了嗎？」孩子只會回答「沒什麼」、「一般般啦」之類的話，容易把自己的記憶塵封起來。因此，溝通的秘訣在於父母先開始彙報。

在我們家，絕不會出現「沒什麼」這樣的回答。我肯定能從兒子們嘴裡聽到當天發生的小軼事。如果想要聽別人說自己的事，那麼自己首先得開口。這樣互相討論的報告會真心令人愉快，至今我都很懷念。

31

笑的能力

笑う力

Humor makes life richer and happier

沒有幽默感的人，看上去不從容。

在育兒過程中，我希望孩子不要忘了「幽默感」。給予孩子們許許多多的歡笑，讓他們切實感受到活著真棒、每天的生活好開心。

兒子們開始懂事後，我就會故意和他們開玩笑。

遞給孩子一個蘋果，嘴裡卻說「這根香蕉看上去很好吃哦」，然後孩子一定會訂正我：「媽媽你錯啦，這是蘋果呀。」

嘴上對孩子說「給，吃飯吧」，拿出手的卻是烏冬面，然後孩子就會特別當真地指正：「媽媽，你又錯啦。」但是沒過多久，他就會明白「媽媽原來在開玩笑呀」，接著還會反過來開我的玩笑。

比如有時候孩子把香蕉給我，說：「給，媽媽，這是蘋果哦。」母子倆一齊大笑起來。

如此這般，每天的生活中，在和孩子接觸時保持一點點幽默感，那麼自然而然地，也會培養孩子的幽默精神，「想要說一些有趣事」、「想要逗別人發笑」。

我丈夫也非常擅長說些詼諧的小笑話，經常逗得大家笑呵呵的。

長時間乘車移動的時候，我們家人經常會一起玩接龍遊戲。但單純只是接龍的話太沒有意思，一般我們會限定一個主題。例如「只能接漂亮的東西」、「只能接髒髒的東西」、「只能接臭臭的東西」等等，做一些能讓孩子們大笑的接龍遊戲。我覺得這麼做也是鍛煉了大腦。

改編一下歌曲啦，用奇怪的聲音錄個音大家邊聽邊笑啦……「笑」，是我家育兒工作的一大支柱。

晚餐圍坐在餐桌前，一定會把電視機給關了，一邊享用著美食，大家一起互相報告一天的行程。這個時候，我會把猜謎節目上知道的有趣知識等，手舞足蹈地演示給大家看，幽默地和孩子們交流。

在美國，一個人沒有幽默感，通常會被認為內心不從容。某項調查中，向單身女性提問對於結婚對象最期望的特質是什麼，回答最多的就是「幽默感」。在美國，比起學歷和經濟能力，幽默感被視為最重要的個性。無論是美國總統演講，還是校長致辭，如果其中不加入一些幽默元素，會被大家認為「這人不夠從容鎮靜」。

據我觀察，我家三個兒子已經很自然地擁有了幽默感。毫無疑問，他們已經融入到了美國文化中。原本他們性格都挺一本正經的，但現在身上早已種下了不少歡樂的種子，隨時為笑做好準備。我想，如今他們一張張笑顏的原點，正是出自於我們家人之間的歡聲笑語吧。

32

自制力

自制する力

No games and manga until high school

孩子上高中之前，是大腦發育活躍的時期，一律不讓他們碰依賴性較高的電子遊戲和漫畫。

兒子們在成為高中生之前，基本上我都禁止他們玩電子遊戲和看漫畫。這是因為在大腦發育活躍的時期，我想優先讓孩子們多玩一些拓展想像力的遊戲、多看一些拓展想像力的書籍，多做一些全身運動。特別是日本的電子遊戲，玩起來很刺激又十分有趣，一般只要玩過一次就會「欲罷不能」。因為娛樂性確實很強，孩子們一玩起來就是連續好幾小時，有時候甚至像中了毒一樣沉迷進去。

在最最關鍵的大腦發育時期，我不想讓孩子過於偏向一種使用大腦的方式。即便不玩電子遊戲，現實世界裡也有很多有趣好玩的事情。這個道理我經常告訴自己的孩子。

漫畫是由繪圖和文字組合而成的。只有文字的讀本，孩子可以盡情發揮想像，然後在自己的頭腦裡創造出一個世界。另一方面，雖然漫畫是一種很棒的文化，但始終會偏向於繪畫具體上的魅力。我個人認為，對於孩子來說，不如書本那樣可以作為拓展想像力的訓練。

電子遊戲和漫畫確實有意思。但它們的依賴性強，一旦沉迷其中，很難從虛擬的世界中擺脱出來。

電子遊戲中那些刺激場面如果總是無休止地去玩，孩子會變得無法滿足於普通生活的節奏。有些孩子如果過於沉浸在漫畫世界，對虛擬世界與現實世界的巨大差異會感到很痛苦。

當然了，我不是說誰都會沉迷在裡頭，但基本上來說，電子遊戲和漫畫，還是等到孩子上了高中，能在一定程度上控制自我行為後再去玩也不遲。我把這些想法和兒子們反覆溝通協商，最終才決定下禁止令。

「但是，電子遊戲和漫畫都不讓碰，孩子在學校不就跟不上大家的話題了嗎？」也有些父母表示出這樣的擔心。

但是，至少在我家兒子們身上，完全不必要擔心這些。即便他們不玩電子遊戲、不讀漫畫，還是交到了不少朋友，也沒有受到他人的另眼相看。

倒不如說，比起電子遊戲呀漫畫之類的，給孩子玩一些更有趣刺激的遊戲、讀些更有趣味的書，來得比較重要。在我家，經常舉家出門玩耍。比如釣魚、遠足或是來個短途小旅行。兒子們還是小學生的時候，沒有任何所謂的遊戲道具。我會讓他們玩些比如在森林裡藏硬幣探寶啦，猜謎啦接龍啦，變魔術或者手勢遊戲等等，親子間的互動很是歡樂呢。之後從中學開始，就是看書、看書。三個兒子對電視節目都沒什麼興趣，總之就是愛看書，愛書愛到可以稱得上「書蟲」的程度。

33

隨機應變能力

臨機応変力

Do something different everyday

每天過得張弛有度，活化孩子頭腦。

經常聽到這樣的說法：孩子小的時候，要固定時間早睡早起，學習也要固定時間學習比較好。說是這麼做才能養成生活習慣和學習習慣。

但是，我從不講究這個。睡覺時間也好起床時間也好，都看孩子當下的身體狀況如何。學習不是說光做完作業就完事的，而是一輩子的事業。我不會對兒子們說「作業和預習、複習都做好了，可以去玩其他的了」，而是告訴他們「學習乃日常之事」。

例如，為什麼會下雨呢？在學習關於下雨的原理時，如果室外正好下起了雨，我會讓他們放下手頭的作業，「快穿上雨衣和長靴去外面吧！」然後帶他們到外頭去。

接著，聽一聽雨水打在地面上的聲響，在小水塘裡跳來跳去，把排水口的落葉弄乾淨，在公園找找看有沒有蝸牛……看似都是不值一提的小事，但孩子體驗過一次之後，不知為何，一回到家就對下雨產生了濃厚的興趣。「就是那個！」好像找到珍寶一樣，翻翻世界降雨量地圖，看看乾旱區域的照片……

不知不覺就到了吃晚飯的時間。作業和預習、複習當然就放在晚飯後完成啦。但是這時候，比起聽寫作業或是其他任何事情，在孩子的頭腦中，對於下雨的知識和興趣應該依然十分高漲。我覺得這才叫學習。「這個時間就是用來學習的。之後再玩就可以咯。」這樣的話會帶給孩子錯誤的信息。

因此在我們家，孩子坐在書桌前的時間每天都不一樣也沒有關係。

比如到了傍晚，孩子的朋友突然來我家玩，我會好好招待，讓他們盡情玩耍。如果當天正好是我家辦「餃子大會」的日子，叫孩子邀請他的朋友一起做餃子吃，共同度過愉快時光。

遵守作業提交時間，這是兒子們的責任。和朋友玩耍，參加家裡的活動，雖然每天都有不一樣的事情，但做作業和學習的時間，交由孩子自行判斷、妥善安排，這是我家的原則。

我始終教導孩子：「晚上作業不能做太晚，也不能偷工減料。不過，學習是為你自己而學的，什麼時候進行由你自己負責決定，然後確實執行。這是理所當然的。」

人生中會發生各種各樣的事。根據周圍的情況，能夠隨機應變地將自己該做的事情安排好，這樣的人不會錯失任何好機會，無論遇到怎樣的困難都能跨越過去。相反地，無法對應該做的事情臨場應變地處理好，這樣的人哪怕遭遇再小的變化都會感到困惑，遇到關鍵時刻就會錯失良機。

想要過上日日不同、張弛有度的生活，就得開動自己的腦筋。

如果想要活化孩子的頭腦，比起讓他們每天過著一塵不變、條條框框的生活，倒不如給予他們每日都有所不同，張弛有度的刺激生活來得更有效吧。

有張有弛、充滿新鮮刺激的每一天，能使孩子的大腦更為靈活。他們之所以能夠隨機應變地組織學習計劃，也是基於從小的訓練積累起來的。

34

質疑能力

疑う力

Be skeptical, always look for the truth

內心有質疑，關係著新構思、新發現的產生。

有一說，認為所謂學問，是因為人們產生了質疑才誕生的。「為什麼？」「什麼道理？」像這樣帶著疑問，找尋解答，新的發明和發現從此產生。

對於自己的孩子，我也希望他們擁有質疑的能力。

我會給他們轉著地球儀，說：「多虧了伽利略不相信地球是方的，我們才知道原來地球是圓的呢。」而且還會告訴他們教科書上寫的不一定都正確，從小播下培養質疑精神的種子。對任何事物都試著進行質疑，新的構思、發現、有趣的主意隨之誕生。

在三兒子八歲左右，發生了一件小事。「媽媽，麥茶裡放點砂糖和牛奶，喝上去就像咖啡牛奶的味道喲。」孩子突然對我這麼說。我半信半疑嘗試了一次，結果真的嘗出了咖啡牛奶的味兒。然後反饋給兒子：「這主意媽媽可絕對想不到呀。真厲害！這到底是什麼原因呢？我們來調查下。」

做了一系列調查之後，雖然具體原因尚不清楚，起碼知道了咖啡牛奶和「麥茶＋牛奶＋砂糖」混合的味道非常相似，這在科學上也得到了證明。看，即使是這樣的小事也會變成學習機會。對於孩子的要求，首先，就是對任何事情都抱有疑問。因為這會轉化為好奇心，從而衍生為興趣，進一步探求。

另一方面，我經常説，電視報紙上的新聞也不一定都是事實，應該先抱著懷疑的態度。在參與聯合國的海外視察等活動，親自拜訪當地之後，時常會發現日本報道中所説的信息和現實狀況存在很大差異。

比如，在去賴索托之前，我一直認為HIV病毒只是成人的問題。但是，實際去往當地，見到從父母那裡傳染得病的孩子們、父母因愛滋病雙亡的大批孤兒們，才認識到愛滋病也是孩子的問題。於是我明白到，為了救助下一代，必須要有超越以前固有觀念的全新架構。

因此，我一直對兒子們説，不能僅僅相信一條信息。無論什麼信息都要刨根問底，從多個角度思考，充分知曉實情是非常重要的。

現在這個社會，各種花樣的宣傳手段層出不窮。這些大量湧入的信息如果只是囫圇吞棗全都相信，那就無法瞭解真實的世界，會搞錯何為真實。

由於主義主張的不同、宗教文化的不同、國家政治體制的不同等造成「事實的不同」。這樣的事情經常發生。所以平時我就一直教導孩子不要僅僅相信一條報道，要盡量多整理信息，多角度看待事物。

如今互聯網中也充斥著許多錯誤信息。甚至出現了這樣的風潮，部分思想有失偏頗的人們故意將錯誤的信息流傳在網絡上，用以攻擊特定的國家或一類人。像這種傳播仇恨和厭惡感的信息，也務必得防止孩子們「中招」。

讓孩子擁有懷疑信息真實性的眼力、質疑能力，也是保護其自身的一種手段。

第四章

培養好學孩子的9個方法

勉強ができる子にするための９つのメソッド

給孩子說明上學的理由 | 「上下夠不著」最是辛苦 |
陪孩子做作業，直到上初中為止 | 拓展擅長的，就能提高不擅長的 |
如何取得好成績 | 讓孩子喜歡上考試和學習 | 英語必須會 |
以音樂、藝術和運動完善人性 | 熟練運用互聯網 |

35

給孩子說明上學的理由

学校を通う理由を説明する

Why do we need to go to school?

上學校是為了自己，能夠有上學的機會是很幸運的。

在兒子們上小學以前，我一定會問他們一個問題：「說說看，你為什麼要去學校上學呀？」因為上學好像是必然之事，他們都會有點吃驚。而每次問完後，都會被他們反問道「到底為什麼要上學呢？」

先讓孩子對此抱有疑問，然後父母再認真回答他，這對孩子來說是個非常重要的過程。如果他們能夠充分理解上學的意義，就算年齡再小也能懷著大志去上學。

首先，我會和他們說：「從前沒有學校可上的年代，小朋友是上不了學的哦。」「以前的小朋友從家人那裡學會耕田、捕魚、打獵的方法，長大成人後也能靠這些技能討生活。」「慢慢有了文字、人類會讀書寫字之後，掌握各種知識，就能向別人傳授了。因為人們互相交換著知識，許多新事物才被發明出來，生活也變得更充實，更方便。」

「現在，要是不會讀書寫字和算術，每天都無法正常生活了。所以，我們就要去學校裡學習這些技能哦。會寫自己的名字、住址，會讀周圍的文字，通過學習來記牢祖先留下來的寶貴知識。」總之像這樣多花些時間，給孩子做細緻的說明。

我還會說這樣的話：「通過學習掌握各種知識，未來就能成為理想中的自己。實際上，這個世界仍然有許多孩子想上學都上不了。所以算是連同他們的份，真的要努力學習，創造出一個更美好的世界。」

大兒子小時候經常提起想做一名廚師。「當廚師的話，買東西的時候必須得算帳哦。為了不弄錯菜單，還要會認字、稱分量。如果去學校的話，這些都能學到，很棒吧？很期待吧。」在他上小學之前，這樣的話我也跟他反覆說了好多次。

只要不斷重複與孩子談話，即使他年齡再小，也能很好地理解到，去學校上學是為了自己的未來。想要過上寬裕快樂的生活，自由自在地實現自己的夢想，學習是很重要的。如果孩子從內心深處認同這一點，那麼他們上學就會變得很積極。

「因為大家都去，那你去也是理所當然的啊。」「不學習會變笨蛋。」類似消極的話絕對不能對孩子們說。「學習是一件非常積極向上的事情，為了自己的未來必須得去做。能夠上學十分幸運，是人生的獎賞。」使孩子理解到這一點很重要。

36

「上下夠不著」最是辛苦

中途半端が一番辛い

Doing it halfway is the worst

從最開始就要下決心，把學習「做到底」、「搞清楚」。

怎樣才能度過愉快的學校生活呢？

我認為，只有「做」與「不做」兩種選擇而已。

努力學習的孩子，跟得上課程進度，考試也很拿手。對他們來說，學習本身即是快樂，所以非常喜歡學校。

相反，也有對學習漠不關心，只喜歡和朋友玩耍的孩子。他們就算學習跟不上，也不會放在心上，考試題不會做也不介意。對他們來說，盡情地玩才最開心，雖然學不到東西，但學校生活是愉快的。當然我不希望孩子選這一條路。

那麼，哪一方最辛苦呢？

心裡頭想要學習成績變好，可不知道怎麼做；但又礙於面子和自尊，連問別人都不敢。努力複習考了試，分數卻很低，之後變得越發不安、失掉自信。慢慢地，連自己到底哪裡不會都搞不清楚，該怎麼請教別人也不曉得。如果陷入這種「上下夠不著」的狀態，孩子就會開始討厭學習，覺得學校就如同地獄一般。結果，淨只是責備、厭惡自己……所以說，「上下夠不著」是最辛苦的。

那麼，怎麼做才能不淪入這樣的境地呢？

那就是從最開始就要下決心把學習「做到底」、「搞清楚」。

碰到不懂的，要不恥下問，打破砂鍋問到底，直到弄明白為止，此外別無他法。如果孩子不知道該怎麼辦而很苦惱，父母和周圍的人要及時注意到這一情況，然後伸出援手，負責教到最後。這是帶孩子脱離苦海的唯一方法。

首先花一個禮拜時間，始終和孩子面對面交流，找出他不懂的地方，試著一起複習。特別是小學階段的學習，教學內容大多是配合孩子成長程度的基礎知識，只要付出努力，應該多少能學到個八九不離十。而且，讓孩子體驗過一遍學習的快樂，會成為他進一步往下學的原動力。只要讓他知道身邊圍繞著願意幫助自己的人，以後再碰到不會的問題，孩子就會變得願意主動尋求幫助。

因此，我經常和兒子們説：「反正學習是非學不可的，一定得學到會為止啊。」因為那是最開心的。想要學習好，遇到不會做的問題，要立馬向老師、媽媽提問哦。」

即便自己再忙，當兒子們問我關於學習上的問題時，我絕不會說「等一等」、「現在很忙啦」這樣的話。即使正好在做飯，也會立即把火關了，對孩子說「要問什麼呀？」然後當場回答他。

為了培養出能夠快樂學習的孩子，這樣每天不斷的努力，很有必要。

37

陪孩子做作業，直到上初中為止

宿題は中学校まで見よう

Checked homework until middle school

比起檢查學習成績，不如和孩子一起享受學習樂趣。

兒子們的作業，在他們上初中以前，我都盡可能陪著他們做。

這也是想檢查一下孩子會不會做，但更多的，是出於想和他們一同享受學習樂趣的想法。有時間的話，我會和孩子一起預習第二天要上的課，複習不會做的題目。總之，給孩子留下一個印象：「學習一點都不難，是很快樂的。」

例如，由於學漢字只能靠背誦，某種意義上來講這個過程最最辛苦。正因為此，在漢字考試的前一晚，我一定會給孩子做一次模擬測驗，不會的地方反覆多做幾次。

盡量保持笑呵呵的輕鬆狀態，有時候邊吃著東西，邊研究熟記方法。「『羊』長大後會變『美』哦。」「把『幸』倒過來還是『幸』。」「再添一筆，『辛』苦也會變『幸』福呢。」像這樣，創造出了各種各樣的背記方法。反正就是想盡辦法讓孩子快樂學習，不要覺得很辛苦。

在我家，並沒有特別指定一個固定場所來寫作業和學習。有時候就在孩子的書桌上，有時候就在餐桌上。偶爾躺地板上也ＯＫ。因為學習並沒有什麼特別之處，何時何地都能進行，我們儼然把它看做是生活的一部分。

除了語文、數學之外，社會、科學、英語課作業我都一定會每天檢查一遍。就連我萬不得已因工作關係晚上回不了家，也會在酒店以電話、傳真的方式和孩子聯絡，一起幫著想想作業問題。

陪孩子做作業，十分耗費時間，對父母來説確實很麻煩，是一件需要耐心的活動。但是，它也無疑是親子互動極為親密的時機。孩子擅長不擅長的科目，看他的作業就一目了然，接著父母就能給出適當的建議。也許是我努力的成果吧，兒子們自從上初中以後，不再需要我監督著寫作業了，他們自己就能自覺完成。

成為初中生之後，孩子必須得學會自我管理。作為父母，最好是往後退一步再給予孩子支持。不然的話，沒有父母監督，孩子就不願意學了。

但有一點很重要，就是仍然要對作業內容和報告題目等一定程度地繼續關心著，給予孩子鼓勵、提出忠告。

即便如此，兒子時不時還是會忘寫作業。我會和他説：「作業與分數最直接掛鈎。想要考試成績好，必須得好好學習、拿出實力來；但作業只要做完就行，再簡單不過了。這還不做，絕對是損失啊。」我還會説服他：「不交作業，簡直就像是自己挑明『不想要分數』了一樣。太可惜了不是嗎？」

能好好完成作業，在某種程度上來説，也是一種習慣。

在孩子上小學期間，我希望他們能紮實地養成這種習慣。

38

拓展擅長的，就能提高不擅長的

得意を伸ばすと不得意も伸びてくる

Excel in things that you are good at, and other things will fall in line

放手讓孩子鑽研擅長科目，增強學習上的自信。

在學校學習，孩子總會有擅長和不擅長的科目。父母一發現孩子哪門課不擅長了，很容易瞎擔心，然後拚命把這不擅長的硬扭成擅長的。

而我卻反其道而行。也就是說，首先放手讓孩子鑽研擅長科目，讓他們盡最大可能去提高水平。因為我認為，這麼做可以讓孩子對學習有自信，不擅長的科目應該多少也能變得會做一些。

大兒子特別喜歡數學。所以我就拜託朋友家正在上大學的兒子作為家庭教師，幫助大兒子盡情地繼續鑽研數學。於是，大兒子從小學開始就會做初中的數學題，進入高中之後，數學已經成為他最為擅長的科目。結果，像語文那些本來不擅長的科目，大兒子也漸漸有了自信，所有課程的成績都慢慢上來了。

二兒子擅長英語，從他小時候起，我就有意識地讓他用英語寫寫故事，讀各種各樣的書。之後，他的英語成績當然是提高了，連原本不擅長的數學等課程也能跟上了。他還很喜歡音樂，從初中開始就發表了原創歌曲。在作詞的時候，特別能發揮作用的是語言能力。因為覺得「要寫出好歌詞，語言能力是必需的」，二兒子還自發地拜讀了許多優秀的文學作品。

三兒子也不知道是什麼時候學會的速讀，明明誰都沒有教過他，卻從大概小學三年級開始，竟然一天之內就能讀完四百頁的長篇小說。原本他就是個擅長閱讀的小孩，也許多提供些書給他看，算是投其所好了吧。

他在三年級的時候語出驚人：「我長大以後要成為出版社編輯。因為這樣就可以第一個讀到暢銷小說了。」等到上初中以後，開始對表達方面感興趣，學了電腦繪圖和設計之後，數學和科學課的成績也提高了。

像這樣拓展擅長的範圍，覺得「自己能行」從而擁有自信，那麼孩子在不擅長的領域也會主動學習。

所謂好學生，並不是指所有科目平均分高的孩子。倒不如有一項超群的擅長科目，其他科目也能和大家保持同樣水平，這樣的狀態更有趣呢。而且我個人認為，這樣的孩子，未來必成大器。

39

如何取得好成績

いい点数を取るために

How to get good grades

如果想得到一百分，就要拿出一百二十分的力氣。

做學問，分數並不是最重要的。但是，想要進入好的大學，好成績僅僅是最低要求。特別是美國的大學，會參考從初中三年級到高中三年級為止四年間的所有成績，來決定錄取與否。因此，平時保持考試考出好成績是很有必要的。

為此，首先得讓孩子喜歡上考試。不是有句話這麼説嘛，「知之者不如好之者，好之者不如樂之者」。喜歡考試，並且能享受其中，那就一定能取得好成績。我為了讓孩子們愛上考試，教給他們以做遊戲的感覺在考試中取得好成績的訣竅。

例如數學之類的考試，需要對內容有所理解，加上平日的練習，而且關鍵在於解題速度。因此我反覆告訴孩子，總之要快速做完所有題目，然後務必要留出檢查的時間。由於粗心大意而失分，最可惜了。

「在考試之前把可能會考到的題練習一遍，正式考試就不會慌慌張張了。沉下心來，以平常心來進行吧。」我會這麼告訴孩子，然後一起想想可能會考到的題目，做個模擬測驗。數學這個科目黑白分明，只要付出紮實的努力，考出滿分一百分也是有可能的。

關於論文答辯的問題，我會告訴孩子們試著這麼考慮：「在考試前想像一下，如果自己是老師，會問什麼樣的問題呢？」讓孩子們嘗試換位思考，從被出題的一方轉換至出題方的角度。想要提出問題，不透徹掌握學習內容的話是做不到的。從老師的角度思考的過程中，兒子們等於又複習了一遍，其間找出學習中最關鍵的要點。然後自己寫下問題，試著進行回答。如果這樣做仍然無法很好地回答上來，之後自己再進一步複習下去。

實際上，關於寫論文也有一個小訣竅。首先，在正式寫論文之前，把關鍵要點一條條列出來寫在答卷上。這麼做，即便萬一時間不夠，到最後沒把論文寫完，老師也可以評判這些要點條目，應該多少會加點分數。

事實上，我本人就非常喜歡考試。我自己就是運用以上這些方法，至今為止通過了不少考試呢。

而這些技巧，我也以比較有趣的方式傳授給了兒子們。

比如說，從幾個選項中選出正確答案的答題卡式考試。首先確認一下，如果選錯了是否會扣分。接著，題目數量除以考試時間，計算出回答每個問題需要花費的時間。如果時間足夠，按順序一道道解題就行。但如果題目數量很多，時間似乎不夠用，而且即使選錯也不會扣分的話，那就從答題一開始，所有題目先大致填塗自己認為的正確選項。因為只要這麼做，就能提高偶然正確的機率。之後，再一題一題地重新改出正確答案就行。

像這樣，多得一分是一分的考試技巧，我也會教給孩子。我會告訴兒子們：「面對考試，只要抱著像玩遊戲一樣的心態就可以了。這麼做，考試也會變得樂在其中哦。」

等上到高年級，以提交報告作為形式的考試越來越多，老師的判分標準也變得越發模稜兩可。

我經常對兒子們說這樣一句話：「如果想得到一百分，就要拿出一百二十分的力氣。」由於我本人也在大學教書，我在判分的時候，會關注整體的平衡。其中，如果發現某個孩子付出了高出我期待值的努力，當然會給他高分。這麼一來，其他孩子的分數相對就會變低。

因此，重要的是，絕對要不惜一切努力做好十二成的工作。這樣一來，即便最後沒拿到一百分，起碼也一定能拿到九十分左右的成績。如果只花了十成的力氣就安心了，也許最後只能取得八十分左右的成績。這就是現實，所以平常不遺餘力地展現出自己十二成的努力，是十分重要的。

40

讓孩子喜歡上考試和學習

テストも勉強も好きにさせる

If you love studying, good grades will follow

喜歡上學習，分數就會跟上來。

「哪裡答錯了，試著再做一次吧。」兒子們的考試卷回來以後，我會特別注意得分低的題目，和孩子們一起不厭其煩地重新做題，直到會做為止。因為我希望他們能帶著自信邁向學習的下一階段。

並且，我還會對他們說：「不能光憑考試分數去衡量自己實力的哦。」「比起老師，媽媽要更瞭解你。而比起媽媽，你自己應該更瞭解自己才對。所以要拿出自信來呀。如果有不會的地方，我們一起來複習吧。」然後我會陪著一塊兒學。

比起考試分數，我更關心兒子們理解了多少課程內容。分數顯示的只是孩子對老師設置的考試問題能正確回答出多少而已。根據不同情況，孩子有時可能會不太理解題意。或者前一天沒能好好複習。也許老師的教法本身就難以讓學生明白呢。所以分數不高並不表示孩子們沒有實力。

只要孩子實際上都理解了課程內容，就沒什麼問題。理解了，下次上課的內容也一定能學會。如果孩子理解不了課程內容，慢慢地會變得跟不上上課進度，最後甚至討厭學習。這麼一來，當然考不出高分。

曾經從兒子的朋友那裡聽到這麼一說：「沒考好會被家長罵，所以我害怕考試。」

即便孩子考試成績差，也絕對不可以責罵他們。要是孩子變得恐懼考試，那就糟糕了。

這麼說吧，考試沒考好，可能問題不光出在孩子身上。如果班級整體平均分就很低，那也許是老師教學不力。就算只有自家孩子考得不好，也許也只是因為他沒有學好當天的課程內容而已吧。

因此，孩子沒考好的時候千萬不要責罵，倒是應該和他好好溝通，「不明白的地方要是學會了就好了呢。」然後和孩子一起複習直到會做為止，這一點很重要。

要培養不懼怕考試，愛上學習的孩子。首先最重要的，就是在背後給予孩子支持，讓他能充分理解上課內容，享受學習的樂趣。

例如，在學習關於鯨魚的知識時，為了讓孩子對鯨魚感興趣，可以試著帶他調查一下一年的捕鯨量數據，和孩子討論一下為什麼會有反對捕鯨的人；找一找有鯨魚出鏡的動物節目，然後一起觀看；收集報紙、雜誌上的相關報道，一起讀一讀。如今在網絡上，無論視頻還是資訊，應該也是隨手可得。

像這樣，針對一個主題從多角度考慮，嘗試接觸到各方各面綜合的信息。這麼一來，孩子的視野開闊了，對於該主題也會真正產生興趣。

當學校的學習和生活聯繫到了一起，孩子們應該就能體會學習真正的意義吧。如果對於學習的事物能夠感受到箇中意味，最後考試也會取得好的分數。想要培養這種「愛好學習」的心態，父母的努力和堅持，必不可缺。

41

英語必須會

英語は欠かせない

English is a prerequisite to a bright future

學會了英語，孩子的世界一瞬間變得廣闊。

英語，是目前世界上使用最廣泛的國際語言。互聯網信息也都是以英語為主。科學、經濟、政治，皆以英語為載體傳播於世界各地。就連在日本，最近有不少企業以TOEIC[8]成績和實用英語技能鑒定資格作為入社條件進行招聘。不會英語對就業會產生不利影響，這已然是板上釘釘的事實。近來，各種翻譯應用程序相繼被開發出來，但要說能自由運用語言的話，還為時尚早。

用英語表達自己的意見，聽懂對方說的話；用英語做調查、學習；用英語寫報告。今後，想要孩子們活躍於世界舞台，這些都是必會事項。因此，該如何教英語，是極為重要的課題。

在我家，孩子出生不久後，我就開始注意盡量在孩子周圍營造一個英語的環境。兒歌選英語的，常常唱給孩子聽。平時經常給孩子放英語歌曲的錄音帶，看英語錄像。就連玩具也好，可能相對來說是貴了點，我會買一些外國產的東西，創造出讓孩子一邊玩耍，一邊自然而然就能熟悉英文字母的環境。

在日本，不久之前還存在著一個説法，認為如果太早教孩子外語，會對母語學習產生不好的影響，最好不要這麼做。但我並不這樣認為。我反而覺得，想要孩子學好語言，越早開始越輕鬆。

如果孩子只習慣於一種語言，那麼在學習第二語言時就需要花費相當大的努力。而且，從八歲左右開始，孩子基本上就有自己的好惡了。喜歡語言的孩子當然就很擅長，但如果是不喜歡語言的孩子呢，不管多努力都學不好。

因此，趁孩子小時候還未出現明顯的個人好惡，理所當然地在日常生活中努力營造雙語環境，這一點尤為關鍵。由此，向孩子頭腦中自然地灌輸英語，不知不覺就能學會了。

我的出身地香港，因為以前是英國殖民地，從兩歲起我就是用英語接受教育。幾乎沒有遭遇多少困難，就掌握了接近母語水平的英語技能。話雖如此，母語水平也並沒有一塌糊塗。根據我的個人經驗，我認為英語的早期教育，應該是今後最應該花力氣實施的課題。

在日本的義務教育體系中，從小學五六年級開始才終於推行外語相關活動，但從低年級開始的英語教育仍未起步施行。因此，絕不能僅僅依賴學校教育。在家庭中，從孩子小時候起就要持續提高他的英語能力，這非常重要。

從讀英語圖畫書開始，循序漸進地給孩子讀一些兒童文學，看一些面向外國兒童的電影和電視節目，學唱一些歌曲。總之利用一切機會，讓孩子接觸純正地道的英語吧。如有條件，帶孩子去比較近的國外，讓他實際操練起來，也不失為一個好辦法。

就算您的孩子已過了幼兒期，現在開始其實也不晚。即使已經過了可以無意識間就學會的最佳時期，只要認真地向孩子傳達英語的重要性，讓他理解接受下來，就算已經是十幾歲的大孩子，也完全可以快速提高英語水平。

其原動力在於，要讓孩子切實感受到「英語對現實社會有幫助」、「學會英語原來這麼開心」、「通過英語可以在全世界結交朋友」。如果父母不會說英語，也可以參與進來和孩子一起學呢。

反正，就是要在家裡營造出無時無刻都能聽見英語的環境。例如看電視的時候，如果有可播放兩種語言的模式，那就切換至英語。這樣即便不明白講的是什麼，也能讓耳朵慢慢習慣。還有，聽廣播的時候也只放英語頻道。然後試著多聽英文歌。為孩子整合出這樣的環境，讓他對英語產生興趣，學習的意願也隨之提升。

教給孩子英語的樂趣和學習的必要性，這是父母一項重要任務。

但光是口頭上說「以後會英語很重要，要好好學」，孩子只會倍感壓力，說不定反而會讓他討厭英語。因此，倒不如讓孩子用英語的方式做自己真正喜歡的事情。

比如，如果孩子喜歡足球，就給他看英文解說的足球比賽，看關於鍾愛的足球選手的英語報道；如果孩子喜歡時尚，試著建議他讀一讀鍾愛的模特或品牌的英語信息。像這樣不斷以英語形式提供給孩子他感興趣的東西，他在不知不覺中就會喜歡上英語，慢慢地也就學會了。

當然了，如果有條件，直接把孩子送進英語培訓班也ＯＫ。或者使用市面上銷售的教育軟件也行。或者利用網上的在線講座也無妨。總之，希望父母們要盡早創造出讓孩子多多接觸英語的機會。

學會了英語，孩子們的世界一下子會變得廣闊。不僅是中國，整個世界都可成為一展身手的舞台。

掌握了語言能力，即便去到外國也能自信地與人接觸交流。活躍的舞台變大了，夢想也變得壯大。為了最大限度拓展孩子的潛力，希望父母能夠認真地實施英語教育。

註８：「Test of English for International Communication」的英文簡稱，意為「國際交流英語考試」。

42

以音樂、藝術和運動完善人性

音楽、アートとスポーツで幅広い人間性を

Participation in arts, music and sports makes an All-rounded person

只會學習，但素養不夠，也無法被認同為博學多才之人。

都說教育的目標之一，是培養出「All-rounded person」，指的是多才多藝的全面人才。在歐美國家，只對技術和經濟方面感興趣的人，通常被認為沒有什麼素養。因此，需要在音樂和藝術方面也有一定的知識和技能。

音樂和藝術，超越了語言和時間，是能讓所有人產生共鳴的表達自我的方法。教育家認為，一個人能夠感受到無法言喻的東西，也就意味著他擁有深刻的思考能力。

正因為此，大學在選擇生源時，非常看重音樂和藝術方面的經驗。

關於音樂，隨便什麼樂器，只要會彈一種就行。倒沒必要達到高超的水平，自己能夠彈出聲音、創造音樂，這本身就是非常好的經驗。不僅可以作為手、眼、耳互相配合的訓練，也能加快大腦運轉速度。孩子體會到從無到有進行創作的樂趣，心緒也跟著變得穩定。

我的三個兒子，都是四歲左右開始學的鋼琴。由於沒有經常練習，所以彈得也不怎麼好。但是，學了的東西絕對不會是無用的。之後，他們會看樂譜，算是掌握了彈奏其他樂器的基礎技能。大兒子另外學了色士風，二兒子則是小提琴。三個人還都會彈吉他，雖然風格各有不同。

藝術方面，我並沒有特別培養。兒子們非常喜歡小學的美術老師，所以經常畫畫。我自己也很喜歡畫畫，會和孩子互相看看對方的畫作，聊聊各自的感想。想要提高創造力，觀看別人的作品也很重要。因此，只要能抽出哪怕一點點時間，我就會帶孩子們去美術館參觀。

受喜愛的美術老師的影響，兒子們對陶藝也產生了濃厚興趣。他們在課上體驗了陶器製作，從此「一發不可收拾」，在老師的指導之下，製作了超過二十個作品。孩子們小時候做的陶器、畫的畫作，至今都是我的寶貝。

我的三個兒子，都沒有特別突出的運動才能。即使如此，在他們小學時期，除了在學校上體育課以外，我還讓大兒子加入了所在地區的少年棒球隊，二兒子則進入足球隊。算是為了鍛煉身體也好，培養團隊精神也好，運動都是培養身心方面最好的活動。

首先，要讓孩子盡情活動開身體，發散精力，提升體力。再來，因為是團隊運動，需要和隊員們融洽地切磋磨合，有時候還能培養以集體優先考慮的品質。上進心、忍耐力、領導力等等，都可以通過運動學到。果然還是得趁孩子年齡小，幫他找到自己中意的某項運動，然後給予支持鼓勵。

在日本，一旦撞上考試時間，社團活動和運動一般都會被置之不顧。但是，在史丹福這樣的大學，對藝術和運動成績的考量程度，是日本的大學無法匹比的。想要培養出各方面能力均衡、全面發展的孩子，藝術和運動方面也要好好予以重視。

43

熟練運用互聯網

インターネットを上手に使う

Teach your children to be net-savvy

告訴孩子，互聯網有著便利和危險的兩面性。

如今，互聯網儼然已經成為生活的一部分，父母一定要教會孩子如何熟練運用互聯網。在英語中，有個詞叫做「net-savvy」，指的就是熟練利用網絡的意思。從互聯網可以免費獲取世界各地搜集來的信息，是非常方便的工具，拓展了人類的潛力。

但是另一方面，網絡上良莠不齊的信息氾濫，有很多不適合孩子的內容，事實抑或謠言的分辨也很困難，因此父母的指導必不可少。被錯誤信息所騙，交了不好的朋友，或是沉迷於什麼事情，甚至被捲入了犯罪一類的事件，那可就晚了。

最近，小學生有手機已經不算新鮮事。因為孩子大多通過手機瀏覽互聯網，所以父母得從交給孩子手機開始，就要商量好如何使用。這一點很關鍵。

用互聯網的社交媒體和朋友取得聯絡，無可厚非。但是在這過程中，也有可能出現欺凌的情況，或者因為和陌生人成為朋友導致被捲入意外事件。必須告誡孩子，日常生活中也潛藏著這些危險。

另外，信息一旦在網絡上擴散就很難消除，所以也必須告訴孩子務必注意保護好隱私。

相反地，由於可以匿名在互聯網上發佈信息，揭人所短的人層出不窮，要是孩子也淪為其中一員那就太令人失望了。同樣，也要避免成為這些人的攻擊目標。因此，我一直這麼教導孩子：「即使可以匿名，也絕不能做出傷害別人權利的事情。自由表達意見可以，但要做一些積極的有建設性的發言。要明智地處理好與網絡的關係。」

兒子們進入西町國際學校之後，立即被派發了電腦，關於電腦的基本原理和構造，他們從小學時代開始就學習了。當然，使用互聯網時的注意事項老師也有教，也學到了例如「寫報告的時候，不能照抄別人的論文和意見」等規則。

最近也發生了不少通過「複製黏貼」抄襲論文和作品而產生問題的事件。

「抱著不會被人發現的心理，隨隨便便使用別人的文章和作品，甚至會違法。」像這些事情，父母也要承擔起教導孩子的責任。

互聯網的瀏覽記錄只要一查就能查到。如同住在一個透明玻璃房裡似的，二十四小時所有行動都有可能被人全盤掌控著。

或許校方會予以否認吧，但事實是，有些大學會監控孩子們在互聯網上發佈的內容、在臉書上的關係網等信息。由於確實某些大學會根據孩子日常的說話口吻、交友關係、發佈內容等作為參考，來決定是否錄取，因此在上網過程中必須倍加小心。

如今世界正如火如荼邁入全新的時代，父母也要盡快學習新事物的優勢和危險之處，從而更好地教育孩子。可能會有些辛苦吧，還是希望大家都能成為網絡專家啊。

第五章

應對青春期孩子的6個提示

青春期の子どもとうまく付き合う６つのヒント

使孩子理解荷爾蒙的構造 ｜ 確認自我身份 ｜ 無差別歧視之心 ｜ 戀愛是重要的人生經驗 ｜ 共同討論人生哲學難題 ｜ 吵架後，始終要直面交流 ｜

44

使孩子理解荷爾蒙的構造

ホルモンの仕組みを理解させる

It's all because of hormones

焦躁不耐煩，並不是自己的錯，也跟父母和社會無關，全是因為荷爾蒙。

孩子進入青春期（十一至十八歲左右），身體成長加速，由小孩變成少男少女，很多時會有反抗父母意見的場面。有人指出這是成長中的「叛逆期」，其實這一段成長期是十分重要的關鍵，因為孩子要學習自制和瞭解身體的改變，否則家庭內可惑會產生不和，對學業也有影響。

兒子們九歲左右起，我就開始為他們的青春期做好了準備。首先教的是荷爾蒙的構造。

我這麼告訴孩子，「到了青春期，男孩要成長為男人，女孩要成長為女人，因此身體都會發生變化哦。而造成這些變化的源頭就是「成長荷爾蒙」，以及影響女性化、男性化的「女性荷爾蒙」、「男性荷爾蒙」。荷爾蒙會在體內大量產生，一旦身體裡開始出現荷爾蒙，人的情緒偶爾會很焦躁、生氣，或者失眠、想哭，或者笑得停不下來，還會賴床哦。看吧，荷爾蒙就是這麼厲害。有時甚至控制不了自己的情緒。所以，等到了青春期，突然變得焦躁易怒，也不能怪任何人哦。不是自己的錯，不是媽媽的錯，也不能怪到朋友和社會的頭上。全是因為荷爾蒙的關係哦。」

接著再鼓勵孩子，「但是，荷爾蒙在一天之中也會有波動。等冷靜下來，就能回復到平時的狀態。因此，覺得開始有些急躁的時候，不要慌張，平心靜氣地度過吧。」

這段時期，我還會給孩子們看些描述男女身體變化的插圖等，開始簡單的性教育。同時告訴他們：「人類就是像這樣，在這個世界上生存下來，繁衍子孫的。只要度過青春期，將會迎來人生最快樂的時光。到時候身體充滿活力，會喜歡上別人，實現夢想，最最開心的日子在前方向你招手。所以說，一定要努力哦。」

多虧了當初的這些荷爾蒙教育，我家三個兒子身上都沒有出現過所謂的叛逆期。有時候也會發生哥哥不耐煩地衝弟弟大聲呵斥的情況。但等心情平復下來，哥哥會好好向弟弟道歉。我也會打個圓場，逗逗兩兄弟：「不是哥哥的錯啦，都怪荷爾蒙這傢伙。」

人在青春期比較敏感。這時候，如果不了解自己情緒不穩定的原因，孩子就會在其他地方找尋焦躁的來源——「真是惱火啊！肯定是因為那傢伙看了我一眼！」「肯定是爸媽的錯。」「一定是老師的錯。」諸如此類的。如果父母一方也沒有徹底了解荷爾蒙的構造，就會想自己的孩子「是不是到叛逆期了？」然後只曉得小心翼翼盡量不惹孩子生氣，結果導致親子關係逐漸淡薄。

「出現焦躁情緒，是每個人都會經歷的自然現象呀。」「不要擔心，過了這段時期，就會恢復原樣的。不對不對，應該說，會變得更加優秀呢。」如果早些告訴孩子，那麼他們就能及早冷靜下來，度過青春期這一困難階段。

青春期，同時也是要在學業上發力的時候。在這期間，是否能理解荷爾蒙的構造，對於能否集中注意力在學習上也有很大影響。

希望大家在孩子進入青春期之前，務必教給他們荷爾蒙的原理構造。

45

確認自我身份

アイデンティティー確認

Find you identity and you will not be lost

只要能認同自我身份，
就不會迷失自己。

我在孩子們出生之前，就一直在關注「自我身份認同教育」。

所謂 identity（自我身份認同），就是能夠回答「我是誰？」「我為什麼在這裡？」「今後該去哪裡？」這三個問題。如果能回答上來，人就不會迷失人生方向，徑直在自己的道路上前行。

我甚至想到，即便生產的時候自己不幸離世，也都要給孩子留下這三個疑問。那麼，我該怎麼辦呢？思量許久之後，我對孩子的出生地做出了選擇。

我們一家住在日本。由於我丈夫是日本人，一般來說會在日本生孩子。但是，我卻沒有選在日本生產。大兒子是在加拿大出生的，二兒子在美國，三兒子在香港。三個孩子分別在不同地方出生，是有我自己的理由的。

等他們長大成人，會問為什麼自己是在這個國家出生。我想讓他們思考其中緣由。

自己的身體裡流淌著日本和香港兩種血液，這是怎麼回事？我是日本人？香港人？還是中國人？加拿大人？美國人？是地球人嗎？希望他們有各種各樣的疑惑、煩惱之後，找到自己的身份認同。

這些考慮，也反映在了孩子的名字裡。

和丈夫商量了一下，決定在給孩子取名時融入一些寄意。「和平」、「昇平」、「協平」，三個兒子名字裡都有一個同樣的「平」字。希望他們每次寫自己名字時，都能聯想到「和平」。

「和平」，中文大家都知道是什麼意思。「昇平」意指太陽升起之處皆為和平之地。「協平」意指三兄弟合力維護和平。

我們結婚的時候也好，包括如今也是，中日關係都不能算是很理想。正因為此，我覺得孩子們有必要思考和平的意義。他們身體裡流淌著兩個民族，中國、日本兩股血脈。兩邊都有親戚，自己渴望的是什麼呢？應該採取什麼樣的立場？我希望孩子們費心思量一下。

大兒子給史丹福大學遞交申請書的時候，最關鍵的論文題目，選的就是「自我身份認同」。某天，我們一家聚在一起觀看電視上的足球比賽，看到中國隊的支持者給日本隊喝倒彩。兒子們眼見這一幕很生氣，開始噓中國隊。當時我說了一句：「可你們必須站在中立的立場。畢竟你們一半是中國人啊。」聽罷，兒子們回答：「可是中國球迷做得不應該啊。」和我爭論了起來。

於是我問他們，「你們是不是對自己一半是中國人的身份感到很羞恥？」這個問題遭到了兒子們的強烈反抗：「絕對沒有這種想法。我們一直很重視媽媽這邊的血脈。」說完，竟然哭了出來。

大兒子把這件事寫進了論文裡，他總結道：「我對國籍、民族沒有任何偏好。只是想作為一個人，來思考什麼才是正確的。」

讀完這篇論文，我哭了。

大兒子雖然為此有過煩惱，但他確實得以確認了自我身份。

處於青春期的孩子，會開始疑惑「自己是什麼人？自己想要幹什麼？想要實現自己想做的事，該怎麼做？」這段時期，也是正要找尋自我的時候：「我到底是誰？」「怎麼做才好？」

「尋找自我」絕非易事。處在國家和社會中間，自己到底起什麼作用？自我價值又是什麼？為了找到答案，可能需要花很長的時間。

但是，苦苦思尋後，如果能夠認識到自己不是其他任何人、自己就是自己，這樣的孩子在學習、升學方面的疑慮也會煙消雲散。

確立了自我身份的孩子，每天的生活都能感覺到意義，能夠帶著目標度過人生。希望父母們在這一時期陪伴孩子，問問他：「你是誰？」「你為什麼在這裡？」「接下來想幹什麼？」並且與之共煩惱、同思考，助孩子一臂之力，讓他們能夠發現自身的存在意義、認同自我吧。

二兒子和三兒子，關於自己的國籍和身體裡流淌著的兩種血脈，似乎也思考了許多，而且也透徹理解了自己的立場。

確立了自我身份的兒子們，相信已經不會再輕易迷失自己了吧。

可是，有這樣一個說法，說人一生中會迎來三次自我身份認同的危機。第一次是青春期。第二次是就業、結婚的時候。第三次，是當孩子離家自立，自己終於退休的時候。

總有一天，兒子們也會迎來剩下兩次的身份認同危機。不管有過多少困惑，我都希望他們最終能找回已經接受、認可過的自己。

46

無差別歧視之心

差別しない心

Embrace differences and enjoy diversity

希望孩子認可不同，欣賞多樣性。

史丹福大學教育學系的博士課程裡，有一門必修課，是關於思考道德倫理的課程。這門課的目的，在於告訴學生不能以差別待人，要接受多樣性。我當然也上了這門課。某日，教授在課上說：「現在開始召開一個模擬討論會。請大家指出認為有問題的地方。」

在觀看討論的過程中，我完全找不到任何覺得有問題的部分。所以教授問到我的時候，也只能回答「不知道」。但是，其他學生卻能立刻指出問題點。

「只有黑人的發言者，發言時間是短的。說話過程中還被打斷。」

這麼說來，確實如此。可能是因為長時間待在單一民族的日本，我對差別歧視的感覺已經變得遲鈍了。

「一個人如果意識不到這樣的差別歧視，那麼就算自己歧視了別人也不會自覺。」聽教授說完，我著實嚇了一大跳。

因為有過這次經歷，我從兒子們小時候開始就一直告訴他們，這個世界上有著不同的國家、民族、宗教、主義主張。還教導他們，即便發現別人和自己不一樣，這份差別是種恩惠，不必感到恐懼。

留學期間，我把大兒子寄放在大學的託兒所裡。這個地方的小孩，大都是來自世界各國的研究生們的孩子。兒子一交到新朋友，我都會忍不住問「是哪個國家的呀？」後來有一天，兒子突然對我說：「哪個國家都沒有關係吧？媽媽，更應該看重的是『什麼樣的孩子』吧。」被兒子這麼一「教訓」，頓時一驚。

成年人的固有觀念非常強，不管怎樣都無法跳出既定的框框。但是，孩子們的頭腦比較靈活，能夠坦率地接受全新的人事物。

現在，兒子們都是發自內心地欣賞著周圍的多樣性。在他們的朋友中，有來自不同國家，不同人種，信仰不同宗教的人。

「媽媽，今天這個朋友是素食者，所以不吃肉的哦。」「我那朋友因為宗教信仰的關係，不吃豬肉。」等等，兒子的朋友圈真的是各式各樣。有時候，還會悄悄地告訴我些小秘密，比如：「她的戀人也是女孩子哦。」

我們不應該害怕差異。相反地，如果能夠欣賞這些不同，朋友圈一下子就能擴大。現在，兒子們在世界各地都有朋友，非常開心。

最近，因民族、宗教、主義主張的差異所引發的爭端、恐怖主義事件層見疊出，實在讓人不忍卒睹。

如果大家互相認同彼此的差異，就能相互理解，趨於和平。

只有欣賞差異性，世界才會更開闊。

想要打造一個無差別對待的和平世界，今後就要更多地接受多樣性，並且能夠享受各自的不同。我認為這一點非常重要。

47

戀愛是重要的人生經驗

恋愛は大切な人生経験

Falling in love is part of life's education

喜歡別人乃自然之事，要教會孩子愛護自己和他人。

適齡男女喜歡上異性，真是件再自然不過的事情了。對於健康的男女交往，我從不反對。如果否定戀愛和異性交往，孩子會害怕戀愛，難以建立起健全的男女關係。

為此，根據孩子的年齡段進行性教育就變得尤為重要。也許在日本，一般不會這麼做吧。性教育不應該只扔給學校去教，在家庭中也必須進行。

只是為了滿足慾望的男女關係，對雙方都是一種糟蹋。有時候，還會陷入無法挽回的糟糕境地。

一般在十二三歲左右，女孩子會經歷初潮，男孩子初次遺精。從此有了性別意識，開始對異性產生好感。因此，在兒子們上初中以前，我就開始告訴他們：「喜歡上異性是很正常的。和最愛的人結婚，孕育新生命，真是很美好的事情。」

從孩子初中開始，我還會向他們傳授健康、安全的性知識：「性能夠孕育生命，既神秘又美妙。只要互相愛著對方，這是非常自然的行為哦。」我們家都是男孩子，所以我還經常叮囑他們，珍惜對方女孩子也很重要。

雖然初中生還只是孩子，但男生已經成熟到可以讓女性懷孕，所以我也將這份責任的重大傳達給兒子們。並對他們說，「只要沒做好成為爸爸、媽媽的心理準備，我不贊成你們隨便發生性行為。」

現代社會，關於性方面的信息泛濫成災。在孩子們尚未被錯誤的價值觀浸染之前，創造出一個可以和父母坦誠交流關於性話題的氛圍，這一點很要緊。

雖然也有人認為學生只管學習就行，戀愛什麼的太浪費時間，但我一直告訴孩子們，愛著他人的喜悅是自然常事，所以不需要恐懼，也不需要逃避。

當然了，戀愛嘛，有開花結果之時，也有可能被甩。但是，這種經歷也是社會學習，是使人的內心變堅強的過程。

我家兒子，似乎從初中開始都有了各自喜歡的人。但那時候，他們都沒有主動介紹給我。從高中開始，三人都去美國留學了，我在日本為他們送行的時候，一定會笑著叮囑道：「No Drinking, No Drugs, No Baby!（不要喝酒，不要嗑藥，不能讓女孩子懷孕）」

三個人在高中都有了認真交往的女朋友，這些女孩子也來過日本。有了女朋友之後，不僅學業沒有荒廢，我看他們還互相激勵著學習，反倒讓自己的學生生活過得很充實，變得更開心了。

不想讓戀愛成為孩子學習的絆腳石，那就不要禁止談論性。在合適的時機聊聊戀愛、談談性，是很有必要的。而且最最重要的，要教會孩子愛護對方。

48

共同討論人生哲學難題

人生の哲学の難題を語り合う

Don't dodge the difficult philosophical questions

與父母一同煩惱，一起聊聊人生的奧秘。這對青春期的孩子很有必要。

十幾歲的時候，也是撞上哲學難題的一個時期。「為什麼我會出生？」「人為什麼會死？」「世上有沒有神明？」為了尋求這些問題的答案，有時候會讓年輕人痛苦、煩惱不已。

這段時期，我會刻意讓孩子讀一些比較難的哲學書。《蘇菲的世界》（*Sophie's World*），兒子們都非常喜歡。另外，我還讓他們讀了J．D．沙林傑（Salinger）的《法蘭妮與卓依》（*Franny and Zooey*）。《蘇菲的世界》是一本哲學入門書，以讀小說的形式，能學習到許多哲學家的思想。《法蘭妮與卓依》，我自己青春期的時候也拜讀過，解決了我人生的難題。

雖然我信奉天主教，但在進入青春期以後，也曾經有過一段時間對於「是否真的存在神」而感到困惑。在《法蘭妮與卓依》一書中，主人公也有相同的煩惱。主角的哥哥是名天才兒童，經常參加廣播節目錄製。這個哥哥總是會把皮鞋擦得發亮。於是主人公問：「誰都看不到啊，為什麼要擦鞋呢？」哥哥一聽，回答道：

「是為了坐在那裡的胖女士呀。」

這一段情節融入了一個信息，那就是「神無處不在」。我非常喜歡這一部分，讓我開始覺得，也許神明是在遙遠彼岸的天邊，但所有的人都可以是神。

我不知道兒子們讀完沙林傑的作品，是否會讀出和我相同的理解。但是，大兒子和二兒子在上高中之後，都選擇了宗教作為自由畢業論文的題目進行學習。

雖然最後他們都沒有信仰某一個特定宗教，但關於生與死，關於生於人世，似乎各自都形成了自己獨到的觀點。

實際上，關於是否存在超越人智的巨大力量，父母也好老師也好，也有許多說不清道不明的地方。帶著這樣的謎團成長、生活下去，是人生中的一個大課題。開始出現如此重大的煩惱，說明孩子的青春期到了。

這時候，父母有必要給孩子樹立起一塊紮實的路標，成為他們思考的頭緒。

可以是一本哲學書，也可以是歷史上某位人物或思想家說的一段話。總之，和孩子一起思考、煩惱，就算只是告訴他們「正是因為有不明白的事物存在，人生才有趣啊。」也能穩定他們的心緒。

一起思考、煩惱，一同走過人生的不可思議。不要因為晦澀艱難就敬而遠之，共同探尋事物的真理和原初。我認為，青春期教育中，哲學方面的引導也很重要。

49

吵架後，始終要直面交流

喧嘩になったときは、とことん向き合う

Know how to show you care

親子關係有了隔閡，請用行動表達對孩子的愛。

父母即使自認為已經非常用心地在撫養孩子了，有時還是會出現磕磕絆絆。

在大兒子正式入學史丹福的當天，我就和他大吵了一架。那是開學典禮結束，回到宿舍，我正準備回去的時候。

「我讀高中的時候，媽媽你從不來學校看我排劇、參加學校活動。等昇平上高中，你最好多去參加一下。」大兒子的語氣，一半讓人感覺似乎很寂寞，一半又有些責備的意味。

確實，大兒子進入全住宿制的撒切爾學校後，學校裡舉辦過各種活動。但因為下面還有兩個孩子要照顧，我自己工作又非常忙碌，很難抽出時間參加。

他在高中時，作為亞洲人首次擔任音樂劇主角。如此重要的大活動，這孩子在舞台上大放異彩的模樣，我卻沒能親眼目睹。那時候我也問過他，是不是去一下比較好？但大兒子卻回答我「不來也行啊」，所以我也就沒當回事了。

現在想來，當時他一定感到非常寂寞吧。我自己也後悔得不得了，於是對他說：「那時候不是你說不用我來了嗎？」「想要我來的話，應該早點和我說啊……」

而他只留下一句「算了，就這樣吧」就轉身出門，和朋友去參加開學典禮的集會了。

我原計劃當晚回洛杉磯，第二天一早和唱片公司開會。從史丹福大學出發，開車需八小時左右。

坐上汽車，開了三個小時。可我實在很在意和大兒子方才的對話，縈繞在腦海裡趕都趕不走。「還是應該和他好好談到最後的……」於是調轉車頭，再次開回了史丹福。到了他的宿舍，去了個電話。

「咦？已經到洛杉磯了嗎？好快！」

「沒有，我又開回來了。現在在你宿舍裡。」

聽我這麼一說，大兒子吃驚地問：「回來幹什麼啊？」

「我想正式向你道歉。」

也回到了宿舍的兒子，眼裡彷彿都要噙出了淚花一般，對我說：「媽媽，真是敗給你了。我知道啦。原諒你啦。」接著，我們倆擁抱在一起。

使大兒子感到了寂寞，已經是無法挽回的事實。但是，能夠說句「對不起」，從心底互相理解，這真心令人高興。那天大半夜，我開了一個通宵的車。但是，我的那份真心誠意能夠傳遞到大兒子心裡，真的太好了。

和二兒子之間，也發生過類似的事情。正在讀史丹福的二兒子對我說：「感覺只有我沒怎麼被媽媽疼愛過。」

我自己完全沒覺得有這回事。但是我記得，以前確實總對他說：「你呀，爸爸最瞭解你了，你比較黏爸爸嘛。」

二兒子在高中期間，把自創歌曲錄唱下來發佈到了網上，引起了熱議，甚至有美國的唱片公司來約談。但是，平時我丈夫就一直告誡孩子，「演藝圈很殘酷喲。還是好好讀完大學，做些普通工作比較好。」所以二兒子當時瞞著我們，婉拒了對方。

如果我更加支持二兒子的音樂之路，並早點知道有這麼一件事，我想我一定會建議他放手去幹吧！所以事後聽到這段話，很是後悔。感覺這孩子過了二十歲以後，我和他之間產生了一些距離。

為了恢復我們的母子關係，我在工作上做了一定調整，暫時搬到了他在美國住的公寓裡，住了三個星期。之後，他被選為史丹福大學學生音樂劇的主角，確定要進行世界巡迴表演的時候，我一聲令下：「我們去做昇平的粉絲吧！」帶著三兒子一路跟隨，觀看了在韓國、中國大陸、澳門等地的公演，還和劇團裡其他學生打成一片。

閉幕演出在紐約舉行。

我們和劇團成員住在同一個地方，一直都非常期待見證最後的舞台。誰知天有不測之風雲，演出當天突然刮起超強颱風，表演只得中止，大家都失望極了……

為了讓垂頭喪氣的學生們重新振作起來，我邀請大家一起去哈德遜河遊船。颱風一過，大伙在船上一邊用餐，一邊眺望欣賞紐約的夜景，年輕人和著音樂節拍跳起舞來。

突然，二兒子來到我身邊，對我說：「媽媽，來跳舞吧！」雖然非常不好意思，但當時真的很開心。兒子的朋友們也都熱烈鼓掌。

二兒子略害羞地對我說，「本來我還想繼續和媽媽你對著幹的，但實在找不到討厭您的理由啊。一直以來真的特別感謝您。I Love You。」時常會聽到人們說，養兒必有回報，那時候，我才切身感受到一切真的都值了！

如果親子關係遇到了磕絆，哪怕只嗅到一絲絲信號，也要立馬採取具體的行動，努力解決問題。用行動來表達愛意，並且始終和孩子面對面交流。精誠所至，金石為開，你們的親子關係想必一定可以往好的方向發展。

第六章

往史丹福大學的道路

スタンフォード大への道

50

不要因為學費問題而放棄

学費のことで諦めないで

Schools will help you pay the tuition

利用獎學金制度，上史丹福也並非遙不可及。

史丹福大學是私立學校，學費相當高昂。我家兒子們小學、初中上的都是日本國內的國際學校，高中則是美國的全寄宿制學校，之後大學又都上的是史丹福，因此我們在教育費上的花銷相當可觀。

撫養孩子的過程中，我們夫婦倆非常努力，幾乎不分晝夜地拚命工作，可以說賺來的錢基本上都作為兒子們的教育投資了。

有人可能會說：「對於普通家庭，私立學校的學費負擔太重。怎麼可能完全效仿您家的情況啊。」

但是，並不是毫無辦法。在我兒子的朋友中間，有不少是拿獎學金上學的學生。在日本的國際學校裡，一定會有某種形式的獎學金制度。有的制度，針對有發展潛力的學生，給予減少甚至免除學費的優惠。

兒子們上的西町國際學校也有一項叫做「Outreach」的獎學金制度，給予學生經濟方面的支持。根據父母的收入情況，免去一部分學費，甚至可以全免。一般來說只有一年的補助，但只要孩子成績優秀，到畢業為止學費皆可免除。也就是說，沒有必要因為經濟原因就放棄升學。

美國高中的獎學金制度更加豐富完善，我家三個兒子上的撒切爾學校，百分之二十八的學生都利用到了獎學金制度。

但是，部分學校也有外國人無法申請獎學金的限制。如果想上美國的高中，請務必調查清楚該學校的獎學金制度是否惠及外籍人士，這一點很重要。

當然了，對於經濟條件不富裕的家庭來說，沒有必要讓孩子從高中就開始在外留學。

我家兒子的很多朋友，都是在日本國內上的國際高中，然後再去國外大學留學的。如果是日本的國際學校，在利用獎學金制度方面應該沒什麼問題。而且，畢業之後還有可能升入日本著名大學，選擇的範圍也更廣。這在中國也是一樣，只要有心，一定有辦法的。首先是不要輕易放棄夢想。

在美國，有不少大學會為外國學生提供獎學金，史丹福大學也是其中一所。

如果需要領取獎學金，提出申請書時請務必寫明 Financial Aid（財務補助申請）。要是沒寫的話，等正式入學後就無法重新申請了。

獎學金是根據對象家庭的經濟狀況計算的。父母年收入在六萬五千美元以下的學生，上學後父母的負擔為零。學費、住宿費、餐費、雜費，乃至零花錢都由校方提供。年收入十二萬五千美元以下的家庭，也可優先拿到獎學金。

就連更高收入的家庭，如果家裡有幾個孩子在同所大學就學，也可申請獎學金。

雖然學費不菲，但一旦被合格錄取，金錢問題總有辦法解決，這就是一流大學的證明。一旦被認可能夠入學，校方會給予經濟上的保障，讓學生可以正常升學。

如今，史丹福大學百份之八十五的在讀學生，多多少少都接受了財政方面的援助。「因為沒錢，所以上不了史丹福大學。」希望大家不要因為這種理由而放棄。「只要努力，上史丹福大學就不會只是個夢。」這是我的恩師，邁拉·斯特羅伯博士的一句口頭禪。

據《福布斯》雜誌的統計，史丹福大學名列大學教育投資回報率排行榜頭三位。史丹福畢業生的收入，甚至比哈佛大學、普林斯頓大學的都要高。

對教育進行投資，絕對不會浪費金錢。我一直相信，這才是最高效的投資。

作為父母，如果要給唯一的孩子留下點東西，應該給他留什麼好呢？

我始終確信，應該給孩子高質量的教育，在他們的頭腦中留下誰都無法奪走的知識。

史丹福大學的申請書

スタンフォード大学の願書

史丹福大學為報考入學的考生，專門開設了一個主頁。打開後，立刻映入眼簾的有這麼一句話：「請對自己的成就擁有自信，並且相信自己將來要走的路。懷揣著自信，想一想如何表現自己。」

英語單詞，believe、confidence、trust，「相信」、「自信」、「信任」，將這三點永記心間，強調了相信自我的重要性。也就是說，擁有自信高於一切，這是個大前提。

在此，我想簡單介紹一下兒子們寫的申請書內容。希望對今後想挑戰史丹福大學的各位有所參考。

二〇一五年，也就是我家三兒子被合格錄取的那一年。史丹福大學的申請者人數共有四萬二千四百九十七人。其中，合格者二千一百四十二人。入學率百分之五，競爭率約二十倍。

史丹福大學會根據學生的過往、四年的成績、大學升學適應性測驗（即SAT[1]或ACT[2]）成績、申請論文、對於校方提出的課題所寫的報告，以及高中老師的推薦信這幾方面，進行入學選拔。

根據校方發佈的數據，當年合格錄取的學生過去四年成績（GPA[3]）平均分，以四分為滿分，四以上的有百分之七十六，三點七至三點九九的為百分之二十一，三點七以下的是百分之三。百分之九十七的合格者在原學校的成績，都可排進年級前十分一。

大學升學適應性測驗（SAT），要求的是數學、閱讀、寫作三門科目的考試成績，每科滿分為八百分，總計為二千四百分。史丹福大學要求這三科的成績，每科最低都必須達到七百分以上。同樣的，ACT考試成績以三十六分為滿分，考取史丹福的合格者中百分之八十九都取得了三十至三十六分。

我家三個兒子在學校的成績都是屬於比較名列前茅的。四年成績（GPA）滿分是四分，他們三人都超過了這個分數。要說為什麼會有這麼好的成績，是因為有些高中會設置大學水平級別的AP課程[4]。

史丹福大學，會關注學生考過多少AP課程的考試。

AP考試成績以五分為滿分，考過的AP考試多、成績好的話，平均分就越高。所以我的兒子們積極參加了AP課程考試，最終，他們的GPA都超過了四分。

大兒子榮獲了全美學力頂級學生的殊榮，三兒子在AP課程的全美考試中也獲了獎；二兒子雖然沒收穫什麼特別的獎項，但他的成績也相當優秀。這些優異的成果，全靠平日努力。取得好成績是最低條件，做不做得到就看自己的努力程度了。

接下來是 SAT 和 ACT 的統一考試，這兩項都是考查學習能力的測驗。基本上大學會要求數學、英語和寫作三科的成績，史丹福大學也會考查 SAT 或 ACT 其中之一。大兒子在 SAT 考試中，數學取得八百分滿分的好分數，二兒子也有七百多分。三兒子考的是 ACT，三十六分滿分中平均分達到了三十四分。

統一考試的難度相當大，有些學生甚至需要另外去讀培訓班進行練習。想要戰勝這個考試，除了練習、不斷練習，別無其他捷徑。市面上有銷售例題集的書，反正就是一個勁兒地練習做題。雖然考試規則上來說，參加幾次都沒關係，只要把考得最好的一次提交給報考學校就行。但是像史丹福大學，要求參加過的所有考試的成績。因此有傳言說，如果參加了太多次考試的話，反而會給校方留下不好的印象。

兒子們是在美國高中參加的考試，我基本上沒有干涉過。但是，比如暑假時他們回到日本，我會和他們一起練習。

如今在美國，有許多大學接受統一申請書[5]的形式，也就是說，同一份申請書可以提送給多所大學。其中包括基本的申請論文[6]、成績、推薦信等。史丹福大學也加入了這一機制，但除了統一申請書之外，還要求考生回答校方另行提出的課題。

普遍認為，申請書中最最關鍵的，就是申請論文。能否寫好這份論文，非常關鍵。大兒子從自己生長在兩種不同文化環境的親身經驗出發，以自我身份認同為主題撰寫。二兒子則從我得了乳腺癌的事情延伸，討論了關於生命的問題。三兒子寫了自己親身經歷了東日本大地震之後，對自己的人生產生了哪些影響。

他們寫的論文我都看過，哪一篇都讓我感動到落淚。據説，申請論文最重要的一點，就是在文章中是否能讀取孩子的人格、想法。兒子們坦誠的自我表達，相信一定引起了選拔考官們的共鳴吧。

想要寫好論文，需要長時間教育上的積累。將事情轉述給他人時的邏輯順序、自我分析能力、總結自己想法的能力、是否有自己獨到觀點等等，可以説一篇小小的論文，乃是一份綜合性教育的結晶。我記得，在讀完兒子們的論文後，甚至發出過這樣的感慨，「如果史丹福大學沒有錄取的話，損失的可是學校一方啊。」兒子們的論文，可謂濃縮了至今為止他們所有的人生。

除此之外，申請書中還會要求寫一下學習以外做了什麼。大學一方通常認為考生成績優秀乃理所當然，所以還會詢問考生除此以外的生活是如何度過的。學生是否有領導能力？對社會有過什麼貢獻？運動方面怎樣？藝術素養如何？從各種角度綜合判斷一名學生。在這些方面是否會出現差距，非常關鍵。

大兒子在高中時被指定為代表學校的「大使」（Ambassador），也是學校裁判委員會（Judicial council）的委員。另外還兼任風紀委員，受到低年級後輩的擁護，為學校做了許多貢獻。而在藝術方面，除了擔任音樂劇主角外，還會彈吉他、吹薩克斯風，興趣是燒陶瓷和繪畫。

社會貢獻方面，以協助聯合國兒童基金會的活動為起點，在本地鬧水災的時候，也衝到了前線參與到義工活動中。雖然不算是名運動健將，但他愛好騎馬、野營和釣魚，積極參加保護自然的活動中去。

二兒子十分愛音樂，高中時連續兩年擔任音樂劇主角。自創歌曲在網上也一度成為熱議的話題，擁有某音樂網站民謠類排行前十的高人氣。

他高中時組織了名為「Spring Sing」的全新音樂節目，旨在讓所有學生參與，之後更是作為每年舉辦的常規活動。

二兒子也是風紀委員，經常照顧後輩們。除了聯合國兒童基金會的活動以外，還曾單獨前往泰國、柬埔寨，積極參加義工活動。也經常進行騎馬、野營等戶外活動。

擅長設計和電腦繪圖的三兒子，高中時曾受校方委託，製作學校一百二十五周年紀念的視頻。以此為契機，完成了諸如調查學校歷史、撰寫劇本、採訪畢業生，從攝影到編輯一系列，大量的辛苦工作。作品放映會上，眾多畢業生們聚集到一起。這部作品受到大家的熱烈好評，不少人感動到熱淚盈眶。他還在學校擔任首席校園導遊，兼任「Spring Sing」的製作人。

和兩個哥哥一樣，三兒子也是一名風紀委員。作為學校義工活動之一，每星期拜訪附近的幼稚園，協助老師做些小朋友的教育工作。另外，還被任命為助教（tutor），為後輩們教授寫作方法。

在機械人製作的課程方面，為所屬高中贏得美國高中機械人全國大會的出場權貢獻了自己的一分力量。除了在泰國、柬埔寨進行義工活動以外，也積極參加聯合國兒童基金會組織的活動和東日本大地震的賑災支援活動。甚至還利用暑期時間，做一些實習工作。比如在美國進入微軟旗下的子公司，在日本進入公司的設計部門。諸如此類，積累了不少社會經驗。

三兒子除了會騎馬，還擅長玩橄欖球，也很喜歡攀岩。也算是個運動好手。

如上所述，我家三個兒子在校內校外都積極參與到除學習以外的各種活動中去。美國的大學在選拔考生的時候，會特別關注學生在類似活動中的活躍程度。

還有一個比較大的決定性因素——來自老師的推薦信[7]。史丹福大學要求考生提供英語和化學老師那裡出具的兩份推薦信。兒子們都有各自信賴並非常喜愛的老師，所以主動向這些老師們請願。我想他們最終考上史丹福，一定也是多虧老師們寫了非常棒的推薦文。

平時和老師們積極交流，多問問題、多聊一聊，這是非常重要的。萬一以後要麻煩老師幫忙做推薦，如果平常和老師沒什麼交際的話，他就不知道該寫些什麼了。作為學生，要每天不斷努力讓老師瞭解自己，這一點很重要。

史丹福大學獨自的論文課題[8]中，有過「平常在讀什麼樣的書？」「請寫一份給未來室友的信。」等等設問。兒子們在撰寫論文報告的過程中，筆端風格時而認真時而幽默。

校方接收申請書後，據說會由多位選拔考官進行閱讀，然後在會議上反覆討論，決定錄取與否。這一過程是非公開的，所以我不清楚詳細經過。在堆積如山的申請書中間，怎樣才能吸引考官的注意呢？怎樣才能宣傳自己呢？這才是真正的難點。

說老實話，為什麼我家三個兒子都能合格，箇中理由我也不知道。即便盡了自己最大的努力，也獲得過非常棒的成績，兒子們的朋友中也有好幾人最後還是沒被史丹福錄取。

孩子的高中指導員經常說：「就算沒考上也不要失望。只要想著是因為自己和那所大學不投緣而已就行了。」

我也是這麼認為的。

我想，之所以三個兒子都能被史丹福錄取，一定是因為他們所要求的理想學生，與我培養兒子的教育目標相一致吧。

當然了，也是由於兒子們堅持不懈的努力。但我認為，在這之上，更是承蒙了包括老師們在內，風雨無阻地幫助兒子們成長的眾多人士的照顧，孩子才能考取那麼難考的大學。

如今，對於給予了兒子們支持的所有人，真心滿懷感激。

註

1 SAT（Scholastic Assessment Test），由非盈利法人美國大學理事會（College Board）主辦的考試，如今在投考美國國內大學時被採用得最為廣泛。科目有文章閱讀、數學等。通常一年舉辦七次（在日本是六次），不限參加次數。有的大學考生可選擇考得最好的成績提交，也有的大學需要考生提交所有考過的成績。

2 ACT（American College Test），由民間企業主辦的考試，志願報考大學的美國高中生都可參加。統一考試科目為英語、數學、科學、閱讀。計算四科平均分而非總分，滿分為三十六分。

3 GPA（Grade Point Average），美國大學入學參考要求之一，以簡單的數值表示學生成績。在歐美大學和高中普遍應用，在日本也有越來越多的大學開始導入這一機制。

4 AP課程，美國高中提供的課程。與普通課程相比，內容和課題的水平都要求更高。參加這類課程的人一般都要參加全國統一AP考試（每科都設置考試）。

5 可向任意大學提交的統一的申請書，形式主要為在線申請。涉及高中時的成績、獲獎經歷、課外活動、自選主題撰寫的個人論文等多個方面。

6 即 essay，寫有報考動機和未來規劃等自我宣傳的內容。具體分為統一申請書中的 essay 和各所大學要求的 essay。在入學審查中最受重視。

7 客觀反映申請者的資質、能力及人格魅力的文件。大多指定由高中班主任、升學指導老師、主學科教師等撰寫。

8 史丹福大學二〇一五年所出的論文主題為：

- 「關於自我」：（1）請列舉最喜歡的書、作者、電影或藝術家（五十字以內）；（2）喜歡看什麼樣的報紙、雜誌或網站？（五十字以內）；（3）如今社會面臨的最重要的課題是什麼？（五十字以內）；（4）過去兩年的暑假是如何度過的？（五十字以內）；（5）最近一年發生過的最開心的事情是什麼（表演、展示、大會、會議等）？（五十字以內）；（6）如有可能，請說出想要目擊什麼樣的歷史事件？（五十字以內）；（7）最能形容自己的五個詞是？

- 「課外活動」：關於自己參加過的課外活動或者勞動經歷，請選擇一件簡單説明一下（一百五十字以內）。
- 「對自己來説重要的想法和經驗」：史丹福大學學生都擁有智慧的生命力。請回顧一下對自己智慧發展來説重要的思想和經驗（二百五十字以內）。
- 「給未來室友的一封信」：史丹福大學絕大多數的學生都住在校園裡。為了展示你自己，或者幫助你的室友還有我們更好地瞭解你，請寫一封以未來室友為收件人的信（二百五十字以內）。
- 「對自己來説什麼是重要的」：對你自己來説，什麼是重要的？並闡述理由（一百至二百五十字以內）。

（資料提供　海外頂級大學升學培訓班 Route H）

後記——我的三個兒子

エピローグ

這裡，我想再次介紹一下本書中登場的我的兒子們。大兒子 Arthur（金子和平），一九八六年生於當時我母親居住的加拿大多倫多。二兒子 Alex（金子昇平），一九八九年生於史丹福大學的醫院，當時我正在留學。三兒子 Apollo（金子協平），一九九六年生於我的故鄉香港。三人出生時都是大胖小子，托大家的福，無病無災一路健康成長。

三個兒子都上過幼托所，兩歲半開始，進入東京澀谷區的青葉國際學校。在那裡所有課程都用英語進行。孩子們與小朋友們玩耍的同時，輕輕鬆鬆地掌握了英語。基本上在家裡教他們日語，英語就是在幼托所學會的吧。

之後，小學、初中都上的是東京港區的西町國際學校。當初也曾考慮過要上日本比較有名的私立小學，但是我們夫婦倆經過縝密的商量，覺得好不容易打好了英語的語言基礎，即使漢字能力多少會減弱，還是讓孩子去上國際學校比較好。對今後走向世界來說，英語是必會技能，就算有點冒險也要試一試。於是才下了這個決定。

在西町國際學校，通常課程是用英語進行的，但也有教授日語、日本傳統和文化的課程。我認為這樣的雙語教育，很大程度上激發了兒子們的內在潛力。

然後從高中開始，三個人都去美國加利福尼亞州的撒切爾學校留學了。

當時我對於美國高中完全沒有任何瞭解，是史丹福大學相識的教授，幫我收集了美國一流高中的信息，給我寄來了相關資料。接著我就和大兒子商量，選出大約十所學校的候補名單。美國大多數的頂級高中，集中在東海岸。但是，大兒子最中意的，卻是位於西海岸的撒切爾學校。

這所高中的教育非常獨特。不僅治學嚴謹，也秉承並實踐在日本稱作「文武雙全」式的教育理念。在這所實行全寄宿制的高中裡，有一個大牧場，所有新生都會被分配一匹需要自己負責的馬兒。新生每天起床後，必須先去馬房，處理馬兒的大小便、餵飼料。照顧完馬兒後，自己再回去洗澡、吃早餐，然後再去上課。這個任務不分平日、週末，每天都得完成。學生們被賦予了保護除自己以外的生命的義務，懂得了生命的重要性，也培養了責任感。

除此以外，每年還要參加兩次為期一周的野營活動，其嚴酷程度堪比生存訓練營。學生們在那樣的活動中培養互助精神和友誼，還可以獲得強大的精神力量。

大兒子和我都感受到這種教育理念的魅力，於是決定進入這所高中。而事實證明，這個決斷並沒有下錯。實際上，在都市中長大的大兒子，上高中以前不怎麼擅長體育活動，感覺多少是個體質較弱的孩子。而進入高中後，每過一學期，在他的身上都能看到煥然一新的茁壯成長。

畢業之後，大兒子被史丹福大學錄取了。之後弟弟們也像追隨著哥哥的足跡一般，走上了同樣的升學道路，也進入了史丹福大學。

如今，兒子們都生活在美國加利福尼亞州的矽谷。大兒子和平，大學專業為國際政治和經濟學。在校期間曾在華盛頓白宮做過實習生，也作為交換生到北京大學度過了一學期。

大學在讀期間，他就開始在一家軟件開發公司工作。這家公司所開發的軟件，可以分享孩子的畫作並與夥伴一同作畫。

之後他到了一間美國投資公司上班，短短兩年時間就已晉升為VP（副社長），但為了與夥伴創業，他辭去了高收入的工作，開始創立自己的公司。

現在他是這家公司的COO（首席運營官），負責日常公司運營和管理旗下員工，工作十分忙碌。雖然我有些擔心他會因為實在太忙，而沒有時間放鬆休閒，但是看著他埋頭於工作的身影，真是覺得很可靠啊。

他的料理愛好也依然延續至今。在私人派對上，有時也會向友人們一展廚藝。

我時常會在 LINE 上收到他發來的照片，被許多朋友圍繞在中間的大兒子，笑容滿溢。

二兒子昇平，大學專業是音樂技術，被一般只會錄取研究生的 CCRMA（電子音樂與音響研究中心）招入，特別讓他在畢業之前，得以學習音樂和電腦科學的課程。

在校期間他作為無伴奏合唱團成員，輾轉美國各地公演；被選為學生自製原創音樂劇的主角，在世界各地的巡演活動也大獲成功。

他在畢業之後，迅速被人發掘，進入一家製作全新形態助聽器的公司。作為聲音方面的工程師，與同事們聯手開發出了劃時代的新產品。這款跨時代的助聽器名為「EARGO」，剛上市就相當熱銷，經常處於售罄狀態，可謂是超人氣商品。現在二兒子正繼續研究進一步優化的次代助聽器。

他現在經常去健身房鍛煉身體。如今的夢想，是從南美洲遍及美國全境，進行為期六個月的生存露營。

三兒子協平，也開始意氣奮發地在史丹福大學上學了。

專業選擇尚在考慮中，計劃五年裡取得碩士學位，希望將來研究ＡＩ的發展。

現在已經交到好多朋友，正盡情享受著大學生活。

順便一提，他們三個人都有了非常可愛的女朋友呢。

責任編輯 寧礎鋒
書籍設計 姚國豪

書名 50個教育法，我把三個兒子送入了史丹福
作者 陳美齡
譯者 陳怡萍

出版 三聯書店（香港）有限公司
香港北角英皇道四九九號北角工業大廈二十樓
JOINT PUBLISHING (H.K.) CO., LTD.
20/F., North Point Industrial Building,
499 King's Road, North Point, Hong Kong

香港發行 香港聯合書刊物流有限公司
香港新界荃灣德士古道二二〇至二四八號十六樓

印刷 美雅印刷製本有限公司
香港九龍觀塘榮業街六號四樓A室

版次 二〇一六年七月香港第一版第一次印刷
二〇二二年六月香港第一版第二十三次印刷

規格 三十二開（125mm × 185mm）二八八面

國際書號 ISBN 978-962-04-4019-9

美齡細語
http://agneschan.life

三聯書店
http://jointpublishing.com

JPBooks.Plus
http://jpbooks.plus